수학 잘하는 아이들은 다 아는

기적의
초고속
계산법

Original Japanese title: SHOGAKUSEI NO TAMENO BAKUSOKU! KEISANKYOSHITSU
by Takata sensei
Copyright © JOMA 2022
Original Japanese edition published by Forest Publishing Co., Ltd.
Korean translation rights arranged with Forest Publishing Co., Ltd.
through The English Agency (Japan) Ltd. and Danny Hong Agency

이 책의 한국어판 저작권은 대니홍 에이전시를 통한 저작권사와의 독점 계약으로 (주)북새통에 있습니다.
저작권법에 의해 한국 내에서 보호를 받는 저작물이므로 무단전재와 복제를 금합니다.

수학 잘하는 아이들은 다 아는

기적의 초고속 계산법

다카타 센세 지음 | 김소영 옮김

토트주니어

여는 글

마법처럼 순식간에 답을 구하는 초고속 계산법이 있다고?

내 별명은 연필왕.
'수학' 하면 자다가도 벌떡 일어나는 초등학교 6학년이다.
나는 지금까지 필산 실력을 아주 열심히 갈고 닦았다.
그 덕분에 우리 반에서 계산 속도로 나를 따라올 친구는 없다.
어떤 문제든 연필 하나만 있으면 쓱싹쓱싹 계산을 해낸다.
내 별명 연필왕처럼 말이다.

 안녕, 연필왕!

 안녕! 오늘도 수학 공부 열심히 해 보자!

이 아이의 별명은 우아해.
수학을 아주 좋아하는 우아한 여자 친구다.
얘는 '계산'과 '도형'의 '우아한 관계'에 빠삭하다.
나는 아주 오래전부터 우아해를 좋아했다.
그리고 우아해도 계산 속도가 제일 빠른 나에게 호감을 갖고 있었다.
그 녀석이 우리 학교로 전학을 오기 전까지는······.

헤이, 연필왕! 굿모닝!

 아아, 안녕…….(칫!)

녀석이 왔다!
그의 이름은 알렉스.
미국에서 온 전학생이다.
미국에서는 계산기로 계산하는 게 상식이란다.
전학 온 첫날에 필산 vs. 계산기로 계산 대결을 신청했던 그에게,
나는 허무하게 지고 말았다.
그날부터 그랬을 거다.

 알렉스~ 나 잠깐 계산 문제 물어보고 싶은 게 있는데, 알려줄 수 있어?

 오~ 뭔데? 친구랑 계산문제 푸는 건 항상 즐겁지!

우아해는 내가 아니라
알렉스랑 계산 이야기를 하게 된 거다!
이런 최악의 사태가!!

어느 날 집에 가는 길에 혼자 터벅터벅 걷고 있는데, 우아해랑 알렉스가 하하 호호 수다를 떨면서 걷고 있는 모습이 보였다.
이럴 수가~~~!
어느새 나는 집이랑 반대 방향으로 뛰어가고 있었다.
계산 대결에서 알렉스에게 이기고 싶다!
계산기보다 더 빨리 계산하고 싶다!

좋은 수가 없을까!?
좋은 수가 없을까!?
문득 고개를 들었더니 이런 간판이 눈에 들어왔다.
"계산기보다 빠르다! 초고속! 계산 교실~ 무료 레슨 받아볼 수 있습니다."
정신을 차려보니 나는 그 수상한 교실로 발을 옮기고 있었다.

 안녕~! 나는 계산의 달인 다카타 선생님이야~~앙!

새빨간 옷에 동그란 안경을 낀 아저씨가 들뜬 모습으로 나타났다.

나는 지푸라기라도 붙잡겠다는 심정으로 외쳤다.

 전……, 전…… 계산기보다 더 빨리 계산을 하고 싶어요!

그러자 선생님 표정이 갑자기 진지해졌다.

 무슨 사정이 있는 모양이구나. 이야기 좀 자세히 들려줄래?

나는 지금까지 있었던 일을 전부 다 털어놨다.
연필왕이라는 별명을 마음에 들어 한다는 것.
필산 속도를 올리기 위해 꾸준히 노력해 왔다는 것.

그 덕분에 우아해랑 분위기가 괜찮았다는 것.
하지만 알렉스와 계산 대결을 해서 져버린 탓에
우아해의 마음이 알렉스에게 가버렸다는 것.
그래서 우아해의 마음을 되찾기 위해
계산기보다 더 빨리 계산을 해야 한다는 것도.
그런데 정말 가능할까?

 그렇구나. 네 상황은 잘 알았어.
결론부터 말할게.
계산기보다 빨리 계산하기? 할 수 있어.
예를 들어 주판의 달인은
문제를 계산기로 두드리는 동안에 이미 계산을 끝내버릴 거야.
그리고 컴퓨터를 발명했다는 천재 노이만은
컴퓨터가 완성됐을 때
'이제 나 다음으로 빠른 녀석이 생겼군!'이라고 하며
실제로 컴퓨터와 계산 대결을 해서 승리했다는
전설도 남아 있어.
하지만 이 계산 교실에서는
주판 사용법이나 천재가 되는 방법을 가르치는 게 아니야.
그렇다고 해서 필산을 지금보다 더 빨리 할 수 있게 되는 것도 아니고.

나는 눈앞이 깜깜해졌다.

 그럼 저는 평생 알렉스에게는
이기지 못한다는 거잖아요~!

그렇지 않아!

잘 들어, 연필왕.

이 계산 교실에서는 이런저런 계산법을 공부할 거야.

연필왕은 지금까지 필산 속도를 열심히 끌어 올렸잖아.

그건 정말 대단한 일이고,

그 필산 실력은 중학교나 고등학교에 가서도 강력한 무기가 되어

널 도와줄 거야.

하지만 진짜 계산의 달인은 계산법을 능수능란하게 사용해서

마법처럼 순식간에 정답을 구할 수 있어.

예를 들어 56×375는 3초, 9992×9995는

2초 만에 풀 수 있지.

 뭐라고요!? 계산기보다 빠르다니!

 그 비법이 궁금하지 않니?

 궁금해요!

 좋~아!

그럼 이 '초고속! 계산 교실'에서

같이 재미나게 계산을 탐구해 보자.

확실한 지도를 더해서(+) 학생들이 계산에 걸리는 시간을 줄여 주는(−) 수업!

다카타 선생님과 만나면 효과는 배가 되고(×)

즐거움은 같이 나눌 수 있지(÷). 인생이 달라질 거야!

그럼 수업을 시작할게!

차례

여는 글   04
마법처럼 순식간에 답을 구하는 초고속 계산법이 있다고?

이 책의 등장인물을 소개합니다   14
이 책은 이렇게 활용하세요!   16

계산 비법 1

100TEN을 잡아라   18

실전 01 | 100TEN을 잡아라 • 덧셈 편   22
실전 02 | 100TEN을 잡아라 • 곱셈 편   26
실전 03 | 분해 100TEN을 잡아라 • 덧셈 편   34
실전 04 | 분해 100TEN을 잡아라 • 곱셈 편   38

우아해의 우아한 설명   42
25×4를 정사각형으로 볼게~!

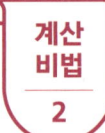

같은 답 바꾸기   44

실전 05 | 같은 답 바꾸기 • 덧셈 편   48
실전 06 | 같은 답 바꾸기 • 뺄셈① 편   52
실전 07 | 같은 답 바꾸기 • 뺄셈② 편   56

실전 08 | 같은 답 바꾸기 • 곱셈 편　60
실전 09 | 같은 답 바꾸기 • 나눗셈① 편　64
실전 10 | 같은 답 바꾸기 • 나눗셈② 편　68

알렉스의 계산기 짤막 상　72
세계의 계산 기호를 알아보자!

분배 고파　74

실전 11 | 분배 고파 • 분수의 덧셈 · 뺄셈 편　78
실전 12 | 변형 분배 고파 • 25×4나 125×8 이용 편　82
실전 13 | 변형 분배 고파 • ×999 편　86

우아해의 우아한 설명　90
〈분배 고파〉를 직사각형으로 생각해 볼게!

알렉스의 계산기 짤막 상식　91
같은 계산을 해도 계산기에 따라 답이 달라진다!

동×(잔) 동곱괄호잔　98

실전 14 | 동×(잔) • 기본 편　102
실전 15 | 동×(잔) • 변형 편　106

실전 16 | 동×(잔)・소수 여기저기 편   110

우아해의 우아한 설명   114
원 문제 풀 때도 〈동×(잔)〉을 쓰는 걸 추천해~!

계산
비법
5

수열의 합   118

실전 17 | 수열의 합・등차수열 편   122

실전 18 | 수열의 합・등비수열 편   126

실전 19 | 수열의 합・분자/등차의 곱 편   130

실전 20 | 수열의 합・연속 2정수의 곱 편   134

우아해의 우아한 설명   138
수열도 넓이로 설명할 수 있어!

알렉스의 계산기 짤막 상식   140
수열을 단숨에 계산하는 슈퍼 계산기가 있다고!

계산
비법
6

가평균   142

실전 21 | 가평균・합계 편   148

실전 22 | 가평균・평균 편   152

실전 23 | 가평균・평균의 심화 문제 편   156

우아해의 우아한 설명   160
〈가평균〉을 막대그래프로 설명해 볼게~!

2자리×2자리   162

실전 24 | 2자리×2자리 • 둘둘이 편   164

실전 25 | 2자리×2자리 • 십의 자리가 1 편   168

실전 26 | 2자리×2자리 • 둘이 합 10 편   172

신의 속도 비법   176

실전 27 | 신의 속도 비법 • 999△×999◇ 편   180

실전 28 | 신의 속도 비법 • 좌×9999 편   184

실전 29 | 신의 속도 비법 • (10배수+○)×(10배수-○) 편   188

실전 30 | 신의 속도 비법 • (10배수+○+1)×(10배수-○) 편   192

실전 31 | 신의 속도 비법 • △×△-◇×◇ 편   196

실전 32 | 신의 속도 비법 • △×(△+1)-◇×◇ 편   200

실전 33 | 신의 속도 비법 • 분수로 바꿔 편   204

닫는 글   208

'계산의 달인', 다음은 네 차례야!

 ## 이 책의 등장인물을 소개합니다

수학에 대해 이야기하는 게 가장 즐겁다는 6학년 친구 3명과 수상한 계산교실의 재미난 수학 선생님을 만나보세요!

다카타 선생님

수상한 계산교실을 운영하고 있는 유쾌한 수학 선생님. 말장난의 달인, 계산의 달인이에요. 계산 대결에서 알렉스에게 지고 길을 잃은 연필왕에게 전자계산기보다 빠르게 계산하는 비법을 전수해 줍니다.

연필왕

연필 하나만 있으면 못 하는 계산이 없는 6학년 남학생. 역시 수학을 좋아하는 여자 친구 우아해에게 특별한 마음을 갖고 있죠. 그런데!!! 미국에서 전학 온 알렉스에게 계산 대결에서 진 뒤 우아해의 관심마저 빼앗겨 긴장감을 느끼고 있답니다.

우아해

계산과 도형의 관계에 대해 특별한 지식과 감각을 갖고 있는 여자 친구. 평소 말하는 것도 6학년 같지 않게 우아하고, 수학문제를 풀면서도 "너무 우아하지 않니?"를 연발해 우아해란 별명으로 불립니다.

알렉스

미국에서 전학 온 학생으로 연필왕의 라이벌이에요. 마치 AI '알렉사'처럼 수학에 대해 아는 것이 많고 계산기를 사용해 빠르게 계산해 냅니다. 계산 대결에서 연필왕에게 이긴 뒤 우아해의 관심을 받고 있답니다.

이 책은 이렇게 활용하세요!

연필왕이 '계산의 달인'으로 거듭나는 과정을 따라가다 보면
여러분도 문제풀이 시간을 놀랄 만큼 줄일 수 있답니다.

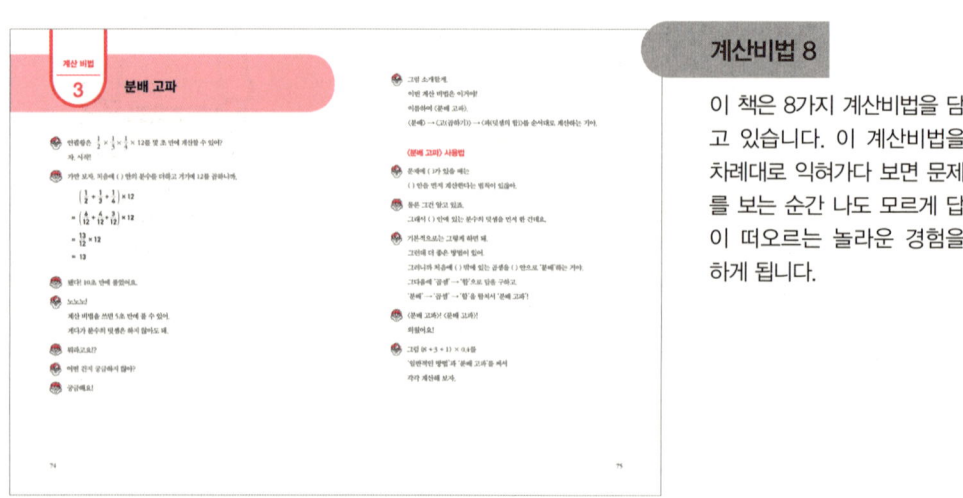

계산비법 8

이 책은 8가지 계산비법을 담고 있습니다. 이 계산비법을 차례대로 익혀가다 보면 문제를 보는 순간 나도 모르게 답이 떠오르는 놀라운 경험을 하게 됩니다.

실전 33

8가지 계산비법은 총 33개의 실전 기술로 나뉩니다. 실전 기술에는 각각 난이도, 천재도, 실용도가 별점으로 표시되어 있으니 참고하세요!

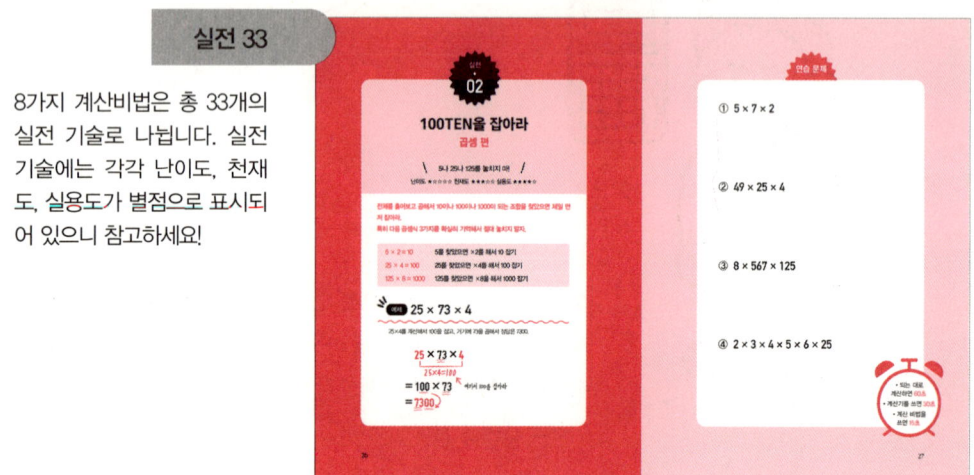

연습문제와 문제풀이

실전 기술을 바로 확인해 볼 수 있도록 연습문제가 준비되어 있습니다. 문제를 풀어본 후 페이지를 넘겨 바로 뒤에 있는 풀이과정과 정답을 확인하면 됩니다.

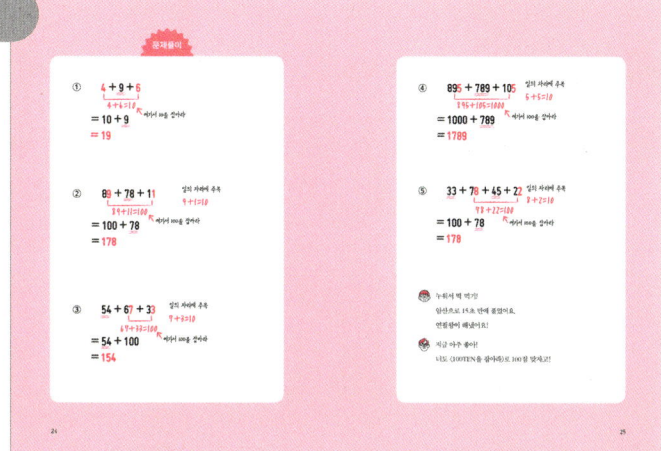

재미난 수학 이야기

우아해와 알렉스의 재미난 수학 이야기가 곳곳에 숨어 있어요. 서로 다른 특기와 장점을 가지고 있는 친구들의 이야기에 귀를 기울여 보세요!

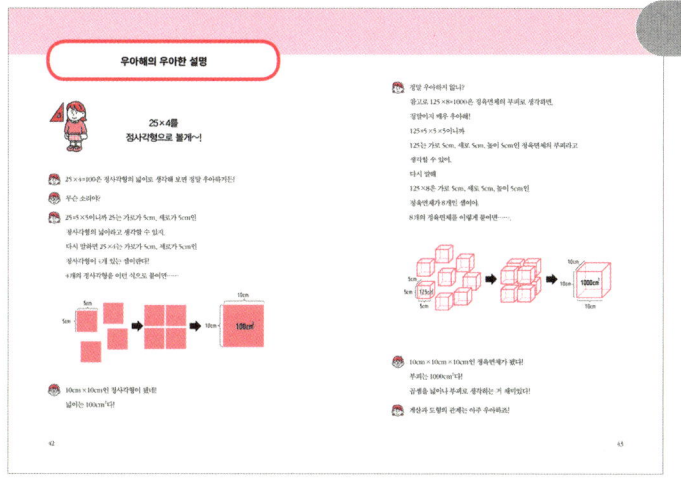

17

계산 비법 1

100TEN을 잡아라

 연필왕, 87+59+13을 몇 초 만에 풀 수 있어? 자, 시작!

 어디 보자, 왼쪽부터 순서대로 계산하니까 87+59를 먼저 더해서

    87 + 59 + 13

= 146 + 13

= 159

이거다! 10초 만에 풀었어요.

 노노노!

비법을 쓰면 딱 3초 만에 풀 수 있어

 뭐라고요!?

 그 비법 궁금하지 않아?

 궁금해요!

 그럼 소개할게.

첫 계산 비법은 바로바로, 〈100TEN을 잡아라〉!

100이나 10(영어로 TEN)을 제일 먼저 잡는 비법이야.

〈100TEN을 잡아라〉 사용법

 덧셈만 나온 문제는 아무거나 먼저 더해도 괜찮잖아.

예를 들어 2+3+4일 때는

2+3을 먼저 더하고 남은 4를 더하면 정답은 9.

3+4를 먼저 더하고 남은 2를 더하면 정답은 9.

2+4를 먼저 더하고 남은 3을 더하면 정답은 9.

아무거나 먼저 더해도 답은 똑같아.

 그러네요.

 숫자가 3개 이상인 덧셈 문제는

전체를 쭉 훑어보고 합계가 딱 떨어지는 조합을 찾아보자.

특히 더해서 100이나 10이 되는 조합을 찾았으면

먼저 잡는 거야.

그냥 습관처럼 왼쪽부터 순서대로 계산하면 노노노!

 그렇군요.

그럼 〈100TEN을 잡아라〉 비법을 쓰면

87+59+13일 때는 먼저 87+13으로 100을 잡고,

거기에 59를 더하면 정답은 159네요.

그러면 암산으로 3초 만에 풀 수 있어요.

 엑설런트!

참고로 〈100TEN을 잡아라〉는

숫자 3개 이상인 곱셈 문제에서도 쓸 수 있어.

전체를 쭉 훑어보고 곱해서 100이나 10이 되는 조합이 있으면

제일 먼저 잡는 거야.

그리고 꼭 외웠으면 하는 곱셈식이 3개 있어.

그게 이거야!

〈100TEN을 잡아라〉를 위해 꼭 외워야 할 곱셈식 3

5 × 2 = 10	5를 찾았으면 ×2를 해서 10 잡기
25 × 4 = 100	25를 찾았으면 ×4를 해서 100 잡기
125 × 8 = 1000	125를 찾았으면 ×8을 해서 1000 잡기

 외웠어요!

 좋~아! 그럼 마지막으로 이 문제를 생각해 보자.

25 × 73 × 4

이것도 그냥 습관처럼 왼쪽부터 계산한다고

25에 73을 곱하면 노노노!

노노노~!
'오므라이스'에는 '케첩'을 뿌리는 게 상식이야.
그와 마찬가지로 25에 4를 곱하는 것도 상식이지.

 25×73×4의 경우는 먼저 25×4를 해서 100을 잡고,
거기에 73을 곱하면 정답은 7300이에요.
이 방법이면 암산으로 3초 만에 풀 수 있어요.

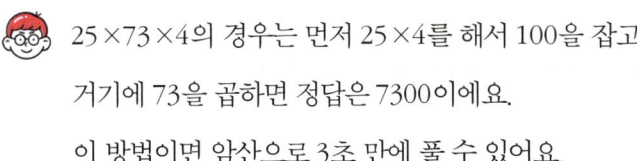 슈퍼 엑설런트~!
그럼 〈100TEN을 잡아라〉를 써서
문제를 한번 쭉 풀어 볼까?

실전 01

100TEN을 잡아라
덧셈 편

\ 10이나 100이나 1000을 잡아라! /

난이도 ★☆☆☆☆ 천재도 ★★☆☆☆ 실용도 ★★★★★

전체를 훑어보고 더해서 10이나 100이나 1000이 되는 조합을 찾았으면 제일 먼저 잡아라.
습관처럼 왼쪽부터 순서대로 계산하면 노노노!

예제 $87 + 59 + 13$

87+13을 해서 100을 먼저 잡고 거기에 59를 더하면 정답은 159.

$$87 + 59 + 13$$
$$87+13=100$$

일의 자리에 주목
$7+3=10$

여기서 100을 잡아라

$$= 100 + 59$$
$$= 159$$

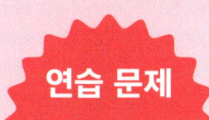

① 4 + 9 + 6

② 89 + 78 + 11

③ 54 + 67 + 33

④ 895 + 789 + 105

⑤ 33 + 78 + 45 + 22

- 되는 대로 계산하면 45초
- 계산기를 쓰면 25초
- 계산 비법을 쓰면 15초

문제풀이

① $4 + 9 + 6$
  $4+6=10$ ← 여기서 10을 잡아라
  $= 10 + 9$
  $= 19$

② $89 + 78 + 11$ 일의 자리에 주목
   $9+1=10$
  $89+11=100$ ← 여기서 100을 잡아라
  $= 100 + 78$
  $= 178$

③ $54 + 67 + 33$ 일의 자리에 주목
   $7+3=10$
  $67+33=100$ ← 여기서 100을 잡아라
  $= 54 + 100$
  $= 154$

④ 89**5** + 789 + 10**5**　　일의 자리에 주목
　　　　　　　　　　　　　　5+5=10
　　　　895+105=1000
　　　　　　　↖ 여기서 100을 잡아라
= 1000 + 789
= **1789**

⑤ 33 + 7**8** + 45 + 2**2**　일의 자리에 주목
　　　　　　　　　　　　　8+2=10
　　　　　78+22=100
　　　　　　↖ 여기서 100을 잡아라
= 100 + 78
= **178**

🧑‍🦰 누워서 떡 먹기!
　　암산으로 15초 만에 풀었어요.
　　연필왕이 해냈어요!

🧑‍🦰 지금 아주 좋아!
　　너도 〈100TEN을 잡아라〉로 100점 맞자고!

100TEN을 잡아라
곱셈 편

5나 25나 125를 놓치지 마!

난이도 ★☆☆☆☆   천재도 ★★★☆☆   실용도 ★★★★☆

전체를 훑어보고 곱해서 10이나 100이나 1000이 되는 조합을 찾았으면 제일 먼저 잡아라.

특히 다음 곱셈식 3가지를 확실히 기억해서 절대 놓치지 말자.

5 × 2 = 10	5를 찾았으면 ×2를 해서 10 잡기
25 × 4 = 100	25를 찾았으면 ×4를 해서 100 잡기
125 × 8 = 1000	125를 찾았으면 ×8을 해서 1000 잡기

예제 25 × 73 × 4

25×4를 계산해서 100을 잡고, 거기에 73을 곱해서 정답은 7300.

$$25 \times 73 \times 4$$
$$25 \times 4 = 100$$
$$= 100 \times 73$$
여기서 100을 잡아라
$$= 7300$$

연습 문제

① 5 × 7 × 2

② 49 × 25 × 4

③ 8 × 567 × 125

④ 2 × 3 × 4 × 5 × 6 × 25

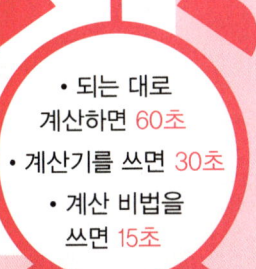

- 되는 대로 계산하면 60초
- 계산기를 쓰면 30초
- 계산 비법을 쓰면 15초

문제풀이

① $5 \times 7 \times 2$
  $5 \times 2 = 10$ 여기서 10을 잡아라
  $= 10 \times 7$
  $= 70$

② $49 \times 25 \times 4$
  $25 \times 4 = 100$ 여기서 100을 잡아라
  $= 49 \times 100$
  $= 4900$

③ $8 \times 567 \times 125$
  $8 \times 125 = 1000$ 여기서 1000을 잡아라
  $= 1000 \times 567$
  $= 567000$

④

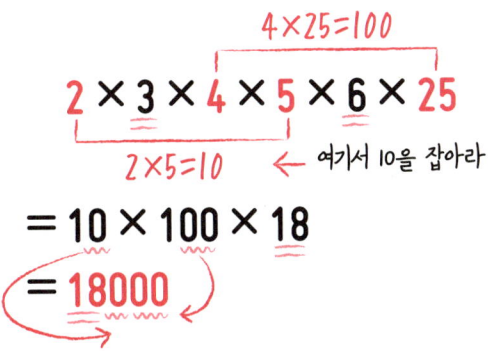

↙ 여기서 100을 잡아라

4×25=100

2 × 3 × 4 × 5 × 6 × 25

2×5=10 ← 여기서 10을 잡아라

= 10 × 100 × 18
= 18000

 누워서 떡 먹기!
암산으로 15초 만에 풀었어요.
연필왕이 나가신다!

 좋아, 좋아!
5랑 2는 러브, 25랑 4는 러브러브,
125랑 8은 완전 러브러브야.
생이별을 했던 둘을 꼭 붙여서
너도 곱셈 세계에서 사랑의 큐피드가 되는 거야!

연필왕의 질문

 〈100TEN을 잡아라〉는 뺄셈 문제에서 써도 돼요?

 아주 좋은 질문이야.

결론부터 말하면 써도 되지만 주의가 필요해.

예를 들어 이런 문제를 생각해 볼게.

1000 − 150 − 50

이 문제를 평범하게 왼쪽부터 빼면 어떻게 되지?

 이렇게 되죠.

  1000 − 150 − 50

= 850 − 50

= 800

 엑설런트! 그럼 〈100TEN을 잡아라〉를 쓰면 어떻게 되지?

 150−50으로 100을 잡고, 1000−100을 계산하면…… 어라? 900인데요?

 900은 오답이야. 어느 부분이 틀렸는지 알겠어?

이런 상황을 생각해 보자.

연필왕이 1000엔짜리 장난감을 150엔짜리 할인권과 50엔짜리 할인권을 둘 다 써서 사려고 해.

이때 할인되는 금액은 총 얼마지?

 노노노~!

할인권을 또 할인하면 손님이 화를 내겠지?

150엔짜리 할인권과 50엔짜리 할인권,

총 얼마 할인하는 게 맞을까?

 150엔+50엔이니까 200엔 할인이네요.

 엑설런트!

그러니까 1000-150-50에서 계산 비법을 쓰면

-150과 -50으로 -200을 잡아서 1000-200이 돼.

 그렇군요! 그러면 답은 800이 되네요.

뺄셈과 뺄셈을 조합할 때는

숫자 부분을 더해야 되는군요~

그럼 〈100TEN을 잡아라〉를

나눗셈 문제에서 쓰면 어떻게 될까요?

 그런 궁금증 아주 좋아. 뺄셈과 마찬가지로 나눗셈에서도 주의가 필요해.

예를 들어 다음 문제를 생각해 보자.
평범하게 왼쪽부터 나누면 어떻게 되지?

120 ÷ 20 ÷ 2

 이렇게 되죠.

120 ÷ 20 ÷ 2
= 6 ÷ 2
= 3

 엑설런트!
그럼 〈100TEN을 잡아라〉를 쓰면 어떻게 될까?

 20÷2로 10을 잡은 다음 120÷10을 하면, 어라?
12가 됐는데요?

 12는 오답이야. 어느 부분이 틀렸는지 알겠어?

 음~ 아, 그렇구나.
나눗셈과 나눗셈을 조합할 때는
숫자 부분을 곱해야 하는군요.
÷20과 ÷2로 ÷40을 잡으면
120÷40이 되니까 정답은 3이에요.

 슈퍼 엑설런트!
참고로 나눗셈을 할 때는 좋은 방법이 하나 더 있어.
이름하여 〈나눌 사람 1층으로 다 모여〉야.

 〈나눌 사람 1층으로 다 모여〉?

사람들과 무언가 나누려면 1층이 편하지 않겠어? 1층 '분모'에 ÷(나누기)를 모이게 해 봐.

 그러니까 이렇게 되네요.

$$120 \div 20 \div 2$$
$$= \frac{120}{20 \times 2}$$

 엑설런트!
이제 분모의 곱셈을 먼저 해서 $\frac{120}{40}$으로 계산해도 좋고,
120과 20을 먼저 약분한 다음에 $\frac{6}{2}$ = 3으로 계산해도 좋고,
120과 2를 먼저 약분한 다음에 $\frac{60}{20}$ = 3으로 계산해도 좋아.

 이렇게 하면 실수가 줄어들 것 같아요.
〈나눌 사람 1층으로 다 모여〉 외웠어요.

 좋~아! 그럼 〈100TEN을 잡아라〉 얘기로 돌아가자.
100이 되는 조합을 찾았을 때는
주저하지 말고 〈100TEN을 잡아라〉를 써.
하지만 100이 되는 조합이 없을 때도 있잖아.
그럴 때는 이 비법을 써!
이름하여 〈분해 100TEN을 잡아라〉야!

 〈분해 100TEN을 잡아라〉?

분해 100TEN을 잡아라
덧셈 편

\ 100이나 1000을 억지로 만들어내라! /

난이도 ★★☆☆☆ 천재도 ★☆☆☆☆ 실용도 ★★★☆☆

전체를 훑어보고 100이나 1000에 가까운 수가 있으면 다른 수를 분해해서 억지로 100이나 1000의 조합을 만들자.

 97 + 86

97은 3만 있으면 100이 되니까 86을 3+83으로 분해한다.
97+3으로 100을 먼저 잡고 거기에 83을 더하면 정답은 183.

$$97 + 86 \quad \text{86을 분해}$$
$$\underset{\text{여기서 100을 잡아라}}{\nearrow} \underset{3}{} \underset{83}{}$$
$$= 100 + 83$$
$$= 183$$

연습 문제

① 95 + 78

② 67 + 98

③ 997 + 796

④ 99 + 998 + 75

- 되는 대로 계산하면 **60초**
- 계산기를 쓰면 **25초**
- 계산 비법을 쓰면 **15초**

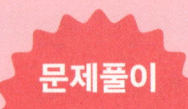

① 95 + 78   78을 분해
   여기서 100을 잡아라 5 73
   = 100 + 73
   = 173

② 67 + 98
   67을 분해 65 2   여기서 100을 잡아라
   = 65 + 100
   = 165

③ 997 + 796   796을 분해
   여기서 1000을 잡아라 3 793
   = 1000 + 793
   = 1793

④ 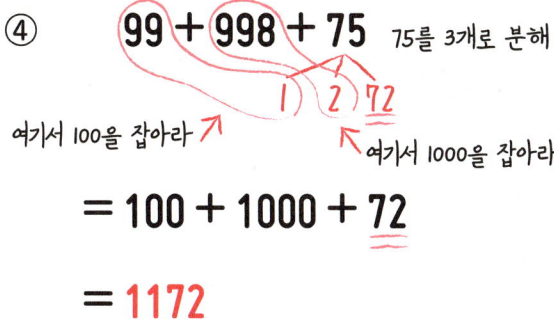 75를 3개로 분해

= 100 + 1000 + 72

= 1172

🧑 누워서 떡 먹기네!

암산으로 15초 만에 풀었어요.

분해 너무 재미있어요!

🧑 엑설런트!

분해를 지배하는 자가 계산을 지배한다!

그 마음을 잊지 말고 철저히 분해하도록 해~!

분해 100TEN을 잡아라
곱셈 편

\ 25나 125의 배수를 알아내라! /

난이도 ★★☆☆☆   천재도 ★★☆☆☆   실용도 ★★★★☆

전체를 훑어보고 '5의 배수', '25의 배수', '125의 배수'를 찾았다면 숫자를 분해해서 '5×2', '25×4', '125×8'의 조합을 만들자.

25의 배수	125의 배수
75 → 25 × 3	375 → 125 × 3
125 → 25 × 5	625 → 125 × 5
175 → 25 × 7	875 → 125 × 7
225 → 25 × 9	1125 → 125 × 9

 예제 75 × 36

75→25×3이라 4가 필요하니까 36→4×9로 분해한다.
25×4로 100을 잡으면 나머지는 3×9=27.

$$75 \times 36$$
$$= 25 \times 3 \times 4 \times 9$$
$$25 \times 4 = 100$$
$$= 100 \times 27$$
$$= 2700$$

$$75 = \boxed{25} \times 3$$
$$36 = \boxed{4} \times 9$$
$$100$$

75와 36을 각각 분해해서 100을 잡아라

연습 문제

① 12 × 35

② 175 × 24

③ 56 × 375

- 되는 대로 계산하면 50초
- 계산기를 쓰면 25초
- 계산 비법을 쓰면 15초

문제풀이

① 12×35
$= 2 \times 6 \times 5 \times 7$ ($2 \times 5 = 10$)
$= 10 \times 42$
$= 420$

$12 = 2 \times 6$
$35 = 5 \times 7$
    10

12와 35를 각각 분해해서 10을 잡아라

② 175×24
$= 25 \times 7 \times 4 \times 6$ ($25 \times 4 = 100$)
$= 100 \times 42$
$= 4200$

$175 = 25 \times 7$
$24 = 4 \times 6$
    100

175와 24를 각각 분해해서 100을 잡아라

③ 56×375
$= 8 \times 7 \times 125 \times 3$ ($8 \times 125 = 1000$)
$= 1000 \times 21$
$= 21000$

$56 = 8 \times 7$
$375 = 125 \times 3$
    1000

56과 375를 각각 분해해서 1000을 잡아라

누워서 떡 먹기!

암산으로 15초 만에 풀었어요.

분해하니까 기분이 상쾌하네~!

 슈퍼 그레이트 엑설런트!

알겠니, 연필왕? 이것만 기억해 둬.

25나 125는 사실 4나 8이랑 같이 있고 싶어 해.

그런데 용기가 나지 않아 자신을 속이고 다른 숫자와 같이 있으면서

175나 375라는 모습으로 살아가고 있어.

하지만 사실 누군가 등을 떠밀어 주길 바라고 있지!

'오'매불망 4나 8을 원하고 있거든.

그래서 175나 375도 일의 자리가 5(오)인 거야.

연필왕, 만약 일의 자리가 5인 곱셈과 만나면

곱셈 세계에서 사랑의 큐피드가 되어

〈분해 100TEN을 잡아라〉로 둘을 맺어주길 바라!

우아해의 우아한 설명

25×4를
정사각형으로 볼게~!

 25×4=100은 정사각형의 넓이로 생각해 보면 정말 우아하거든!

 무슨 소리야?

 25=5×5이니까 25는 가로가 5cm, 세로가 5cm인
정사각형의 넓이라고 생각할 수 있지.
다시 말하면 25×4는 가로가 5cm, 세로가 5cm인
정사각형이 4개 있는 셈이란다!
4개의 정사각형을 이런 식으로 붙이면……

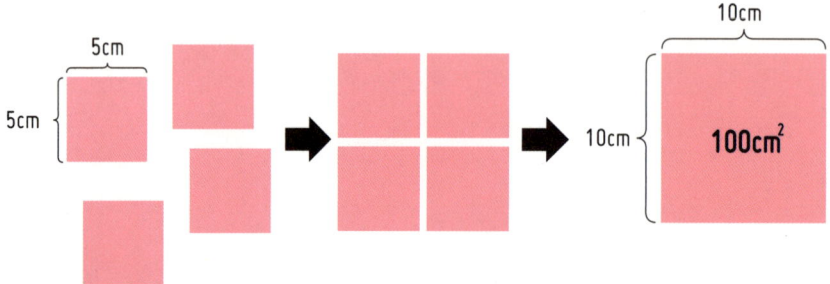

 10cm×10cm인 정사각형이 됐네!
넓이는 100cm²다!

정말 우아하지 않니?

참고로 125×8=1000은 정육면체의 부피로 생각하면,

정말이지 매우 우아해!

125=5×5×5이니까

125는 가로 5cm, 세로 5cm, 높이 5cm인 정육면체의 부피라고

생각할 수 있어.

다시 말해

125×8은 가로 5cm, 세로 5cm, 높이 5cm인

정육면체가 8개인 셈이야.

8개의 정육면체를 이렇게 붙이면…….

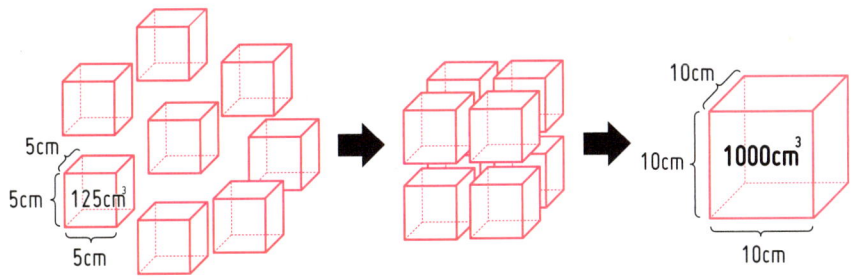

 10cm×10cm×10cm인 정육면체가 됐다!

부피는 1000cm³다!

곱셈을 넓이나 부피로 생각하는 거 재미있다!

 계산과 도형의 관계는 아주 우아하죠!

계산 비법 2

같은 답 바꾸기

 연필왕은 497+456을 몇 초 만에 풀 수 있어?

 음, 필산으로 계산하면

    497
  + 456
  ―――
    953

좋아! 10초 만에 풀었어요.

 노노노!

계산 비법을 쓰면 5초 만에 풀 수 있어. 그것도 암산으로.

 뭐라고요!?

 어떤 건지 궁금하지 않아?

 궁금해요!

 그럼 소개할게.

두 번째 계산 비법은 이름하여 〈같은 답 바꾸기〉!

같은 답이 되도록 식을 바꾸는 비법이야.

〈같은 답 바꾸기〉 사용법

🧑 연필왕, 너희 반에는
얼짱, 몸짱에 공부도 운동도 잘하는데
옷을 못 입어서 여자애들한테 인기 없는 친구 없어?

🧑 있어요.
패션 센스만 있으면 완벽할 텐데……
항상 그렇게 생각하죠.

🧑 사실 497이 그런 존재야.

🧑 그게 무슨 말이에요?

🧑 497은 3만 있으면 500이 되니까
계산도 간단해질 텐데. 그렇지 않아?

🧑 그렇죠.

🧑 그러니까 497+456을 계산할 때는
497 → 500으로 바꾸는 거야.

🧑 그렇군요! 그럼 500+456이니까 정답은 956.
……어라!? 정답은 953이잖아요?
식을 바꾸니까 정답도 바뀌었네요!
이거 실패 아니에요?

🧑 바로 그거야!

497+456─500+456으로 바꾸는 건 틀린 거지.

식을 바꿀 때는 같은 답이 되도록 바꿔야 돼!

암호는 〈같은 답 바꾸기〉야!

〈같은 답 바꾸기〉! 〈같은 답 바꾸기〉!

좋아, 외웠어요!!

덧셈을 할 때는 한쪽에 어떤 수를 더하고

다른 한쪽에 똑같은 수를 빼면 〈같은 답 바꾸기〉가 돼.

497+456의 경우, 497에 3을 더하면 456에서 3을 빼는 거지.

그러면……

$$497 + 456 = ?$$
$$+3\downarrow \quad \downarrow -3 \quad \downarrow 같은 답$$
$$500 + 453 = ?$$

오오! 500+453은 암산으로 할 수 있으니까 정답은 953이에요!

정답이랑 똑같은 답이 나왔네요!

엑설런트!

이게 〈같은 답 바꾸기〉의 위력이야.

대단한데요!

그런데 〈같은 답 바꾸기〉는

뺄셈이나 곱셈, 나눗셈 문제에서도 쓸 수 있어요?

아주 좋은 질문이야.

결론부터 말하자면, 쓸 수 있지만 바꾸기 방법이

다르니까 주의가 필요해.

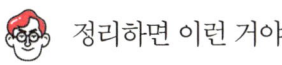 정리하면 이런 거야!

계산별 〈같은 답 바꾸기〉의 법칙

덧셈	한쪽에 어떤 수를 더하면 다른 한쪽도 같은 수를 뺀다
뺄셈	한쪽에 어떤 수를 더하면 다른 한쪽도 같은 수를 더한다 (한쪽에서 어떤 수를 빼면 다른 한쪽도 같은 수를 뺀다)
곱셈	한쪽에 어떤 수를 곱하면 다른 한쪽은 같은 수로 나눈다
나눗셈	한쪽에 어떤 수를 곱하면 다른 한쪽도 같은 수를 곱한다 (한쪽을 어떤 수로 나누면 다른 한쪽도 같은 수로 나눈다)

 우와~!

뭐가 많아서 뒤죽박죽 혼란스러운데요!

이걸 통째로 외워야 하나요?

 통째로 외울 필요는 없어.

하지만 '같은 답이 되려면 어떻게 바꿔야 하나?' 이건 항상 주의해야지.

 알겠어요!

 좋아!

그럼 〈같은 답 바꾸기〉를 써서

여러 가지 문제를 풀어 보자.

같은 답 바꾸기
덧셈 편

\ 같은 수 더하기 & 빼기 /

난이도 ★★☆☆☆ 천재도 ★★☆☆☆ 실용도 ★★☆☆☆

덧셈의 경우, 한쪽에 어떤 수를 더하는 대신 다른 한쪽에서 같은 수를 빼면 답이 같아진다.

$$7 + 8 = 15$$
$+3↓ \quad ↓-3 \quad ↓같은 답$
$$10 + 5 = 15$$

 **예제** $997 + 645$

평범하게 계산하면 받아올림이 발생하기 때문에 계산이 어렵다. 하지만 997→1000으로 만들면 계산이 간단해진다.
997에 3을 더했으니 645에서 3을 빼면 답은 같아진다.

$$997 + 645$$
$+3↓ \quad\quad ↓-3$
$$= 1000 + 642$$
$$= 1642$$

※ 반드시 같은 수를 쓸 것

3을 더하고 3을 빼기

연습 문제

① 999 + 314

② 289 + 994

③ 497 + 568

④ 3시간 53분 + 5시간 39분

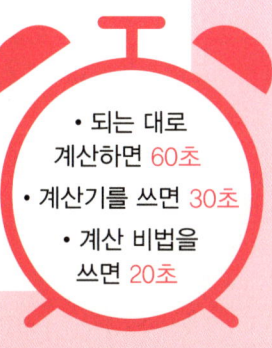
- 되는 대로 계산하면 60초
- 계산기를 쓰면 30초
- 계산 비법을 쓰면 20초

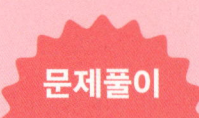

① 999 + 314
　　+1↓　　↓−1
= 1000 + 313
= 1313

② 289 + 994
　　−6↓　　↓+6
= 283 + 1000
= 1283

③ 　　　　497 + 568
　　　　　+3↓　　↓−3
= 500 + 565
　　　　　　　500 65
여기서 1000을 잡아라 ↗
= 1000 + 65
= 1065

④   3시간 53분 ＋ 5시간 39분

         +7분 ↓   ↓ -7분

= 4시간   ＋ 5시간 32분

= 9시간 32분

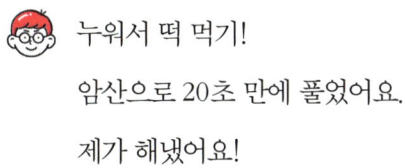 누워서 떡 먹기!
암산으로 20초 만에 풀었어요.
제가 해냈어요!

엑설런트!
덧셈은 조금만 변화를 주면 간단해져.
마찬가지로 사람도 조금만 변화를 주면 인기가 확 올라가지.
너도 옷매무새에 신경을 써 봐.
멋진 남자는 패션을 더하면(＋) 완성되거든!

같은 답 바꾸기
뺄셈① 편

\ 같은 수 더하기 & 더하기 /

난이도 ★★☆☆☆   천재도 ★★☆☆☆   실용도 ★★★☆☆

뺄셈의 경우, 한쪽에 어떤 수를 더하고 다른 한쪽에도 같은 수를 더하면 답이 같아진다.

15 − 8 = 7
+2↓ ↓+2 ↓같은 답
17 − 10 = 7

 예제 **1234 − 999**

평범하게 계산하면 받아내림이 발생하기 때문에 계산이 어렵다.
하지만 999→1000으로 만들면 계산이 간단해진다.
999에 1을 더했으니 1234에도 1을 더하면 답은 같아진다.

1234 − 999
+1↓   ↓+1
= 1235 − 1000
= 235

※반드시 같은 수를 쓸 것
1 더하고 1 더하기

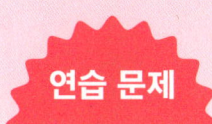

① 1783 − 997

② 2345 − 1998

③ 961 − 796

④ 7시간 41분 − 3시간 53분

- 되는 대로 계산하면 60초
- 계산기를 쓰면 30초
- 계산 비법을 쓰면 20초

문제풀이

①   1783 − 997
    +3↓   ↓+3
= 1786 − 1000
= **786**

②   2345 − 1998
    +2↓   ↓+2
= 2347 − 2000
= **347**

③   961 − 796
    +4↓   ↓+4
= 965 − 800
= **165**

④　　7시간 41분 − 3시간 53분

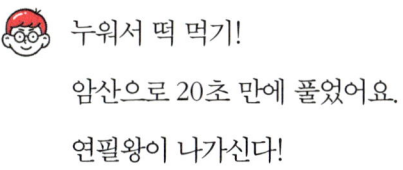

　　= 7시간 48분 − 4시간

　　= **3시간 48분**

🧒 누워서 떡 먹기!

암산으로 20초 만에 풀었어요.

연필왕이 나가신다!

🧑 좋아, 좋아!

뺄셈은 조금만 변화를 줘도 간단해져.

마찬가지로 너도 조금만 변화를 주면 인기가 확 올라가지.

좋~아, 선생님도 패션에 신경을 써서

여러분의 마음을 빼앗아(−) 와야겠다~!

같은 답 바꾸기
뺄셈② 편

같은 수 빼기 & 빼기

난이도 ★★★☆　천재도 ★★★★☆　실용도 ★★★★★

뺄셈의 경우, 한쪽에서 어떤 수를 빼고 다른 한쪽에서도 같은 수를 빼면 답이 같아진다.

$$10 - 7 = 3$$
$$-1\downarrow \quad \downarrow -1 \quad \downarrow 같은 답$$
$$9 - 6 = 3$$

 예제 **1000 − 234**

평범하게 계산하면 받아내림이 발생하기 때문에 계산이 어렵다.
하지만 1000→999로 만들면 계산이 간단해진다.
1000에서 1을 뺐으니 234에서도 1을 빼면 답은 같아진다.

$$1000 - 234$$
$$-1\downarrow \qquad \downarrow -1$$
$$= 999 - 233$$
$$= 766$$

※ 반드시 같은 수를 쓸 것
1 빼고 1 빼기

← 이제 자리에 맞춰 빼기만 하면 끝!

```
  9 9 9
−　2 3 3
  7 6 6
```

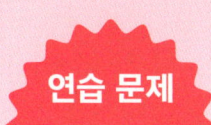 연습 문제

① 1000 − 357

② 1000 − 579

③ 1002 − 357

④ 7시간 3분 − 2시간 24분

- 되는 대로 계산하면 60초
- 계산기를 쓰면 30초
- 계산 비법을 쓰면 20초

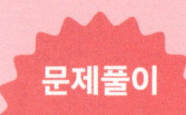 문제풀이

①   1000 − 357
    −1 ↓   ↓ −1
= 999 − 356 ← 이제 자리에 맞춰 빼기만 하면 끝!
= 643

```
  9 9 9
− 3 5 6
  6 4 3
```

②   1000 − 579
    −1 ↓   ↓ −1
= 999 − 578 ← 이제 자리에 맞춰 빼기만 하면 끝!
= 421

```
  9 9 9
− 5 7 8
  4 2 1
```

③   1002 − 357
    −3 ↓   ↓ −3
= 999 − 354 ← 이제 자리에 맞춰 빼기만 하면 끝!
= 645

```
  9 9 9
− 3 5 4
  6 4 5
```

④   7시간 3분   − 2시간 24분

           −4분 ↓   ↓ −4분

= 6시간 59분 − 2시간 20분

                               이제 단위에 맞춰
                               빼기만 하면 끝!

= **4시간 39분**

$$\begin{array}{r} 6:59 \\ -\ 2:20 \\ \hline 4:39 \end{array}$$

 누워서 떡 먹기!

암산으로 20초 만에 풀었어요.

연필왕 신났어요!

 훌륭해~!

빼지는 수를 999로 하면 뺄셈이 아주 간단해지지.

선생님이 999처럼 늘 웃음을 잃지 않고

999(구구구) 웃으며 수업한다면

여러분의 뺄셈 고민도 줄어들겠지(−)?

실전
08

같은 답 바꾸기
곱셈 편

\ 같은 수 곱하기 & 나누기 /

난이도 ★★☆☆☆ 천재도 ★★★☆☆ 실용도 ★★★★☆

곱셈의 경우, 한쪽에 어떤 수를 곱하는 대신 다른 한 수를 같은 수로 나누면 답이 같아진다.

특히 일의 자리가 5일 때는 절호의 찬스! 2나 4나 8을 곱해서 계산하기 쉬운 식으로 바꿔 보자.

$$4 \times 6 = 24$$
$$\times 2 \downarrow \quad \downarrow \div 2 \quad \downarrow 같은\ 답$$
$$8 \times 3 = 24$$

예제 16×3.5

3.5 → 7로 만들면 계산이 간단해진다.
3.5에 2를 곱한 대신 16을 2로 나누면 답이 같아진다.

$$16 \times 3.5$$
$$\div 2 \downarrow \quad \downarrow \times 2$$
$$= 8 \times 7$$
$$= 56$$

※반드시 같은 수를 쓸 것

2로 나누고 2를 곱하기

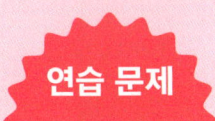

연습 문제

① 18 × 4.5

② 0.25 × 36

③ 56 × 0.125

④ 28 × 2.25

- 되는 대로 계산하면 60초
- 계산기를 쓰면 30초
- 계산 비법을 쓰면 20초

문제풀이

①   18 × 4.5
     ÷2↓   ↓×2
  = 9 × 9
  = **81**

②   0.25 × 36
     ×4↓   ↓÷4
  = 1 × 9
  = **9**

③   56 × 0.125
     ÷8↓   ↓×8
  = 7 × 1
  = **7**

④ 28×2.25
$\div 4 \downarrow \quad \downarrow \times 4$
$= 7 \times 9$
$= 63$

$$
\begin{array}{c}
2.25 \\
2 \quad 0.25 \\
\times 4 \downarrow \quad \downarrow \times 4 \\
8 \quad 1 \\
9
\end{array}
$$

🧒 누워서 떡 먹기! 암산으로 20초 만에 풀었어요.
연필왕이 발전하고 있어요!

👨 슈퍼 그레이트 엑설런트!
참고로 '한쪽은 반으로 나누고 다른 한쪽은 2배 하기'를 반복하는 방법도 있어.

$$28 \times 2.25$$
반으로 나누기(÷2) ↓   ↓ 2배(×2)
$$= 14 \times 4.5$$
반으로 나누기(÷2) ↓   ↓ 2배(×2)
$$= 7 \times 9$$
$$= 63$$

🧒 완벽해요!!
곱하기라 그런지 곱절은 더 멋있네요!!!

같은 답 바꾸기
나눗셈① 편

\ 같은 수 곱하기 & 곱하기 /

난이도 ★★☆☆ 천재도 ★★☆☆ 실용도 ★★★☆

나눗셈의 경우는 한쪽에 어떤 수를 곱하고 다른 한쪽에도 같은 수를 곱하면 답(몫)이 같아진다.

단, 나머지가 나오는 경우는 양쪽에 ×2를 하면 몫은 같지만 나머지가 ×2가 되니 주의해야 한다.

```
15 ÷  5 = 3
×2↓   ↓×2  ↓같은 답
30 ÷ 10 = 3

19 ÷  5 = 3 나머지 4
×2↓   ↓×2  ↓몫은 같고
             나머지는 ×2
38 ÷ 10 = 3 나머지 8
```

 14 ÷ 3.5

3.5→7로 만들면 계산이 간단해진다.
3.5에 2를 곱했으니 14에도 2를 곱하면 답이 같아진다.

```
  14 ÷ 3.5
  ×2↓   ↓×2
= 28 ÷ 7
= 4
```

→ 나누는 수를 2배 하면 나누어지는 수도 2배 하면 된다!

※ 반드시 같은 수를 쓸 것

연습 문제

① 36 ÷ 4.5

② 21 ÷ 0.25

③ 11 ÷ 0.125

④ 18 ÷ 2.25

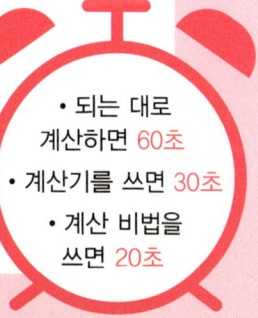
- 되는 대로 계산하면 60초
- 계산기를 쓰면 30초
- 계산 비법을 쓰면 20초

문제풀이

①   36 ÷ 4.5
     ×2 ↓   ↓ ×2
  = 72 ÷ 9
  = **8**

②   21 ÷ 0.25
     ×4 ↓   ↓ ×4
  = 84 ÷ 1
  = **84**

③   11 ÷ 0.125
     ×8 ↓   ↓ ×8
  = 88 ÷ 1
  = **88**

④ $18 \div 2.25$
　×4↓　↓×4
$= 72 \div 9$
$= 8$

$$\begin{array}{c} 2.25 \\ \diagup \quad \diagdown \\ 2 \qquad 0.25 \\ \times 4 \downarrow \quad \downarrow \times 4 \\ 8 \qquad 1 \\ \diagdown \quad \diagup \\ 9 \end{array}$$

🧑 누워서 떡 먹기! 암산으로 20초 만에 풀었어요.
연필왕의 성장이 눈부시네요!

🧑 슈퍼 그레이트 엑설런트!
참고로 '한쪽을 2배, 다른 한쪽도 2배'를 반복하는 방법도 있어.

$$18 \div 2.25$$
　2배 ↓　↓ 2배
$$= 36 \div 4.5$$
　2배 ↓　↓ 2배
$$= 72 \div 9$$

〈2배 2배〉를 하면 어려운 문제와도 바이바이!

🧑 오~ 두 배 두 배 바이바이!

같은 답 바꾸기
나눗셈② 편

\ 같은 수 나누기 & 나누기 /

난이도 ★★☆☆☆ 천재도★★☆☆☆ 실용도 ★★★☆☆

나눗셈의 경우, 한쪽을 어떤 수로 나누고 다른 한쪽도 같은 수로 나누면 답(몫)이 같아진다.
단, 나머지가 나오는 경우는 양쪽에 ÷2를 하면 몫은 같지만 나머지가 ÷2가 되니 주의해야 한다.

$24 ÷ 6 = 4$
÷2↓   ↓÷2 ↓같은 답
$12 ÷ 3 = 4$

$26 ÷ 6 = 4$ 나머지 2
÷2↓   ↓÷2   몫은 같고
              나머지는 ÷2
$13 ÷ 3 = 4$ 나머지 1

 $96 ÷ 24$

96과 24는 모두 3으로 나누어떨어지니까?

$96 ÷ 24$
÷3↓ ↓÷3

$= 32 ÷ 8$
$= 4$

→ 나누어지는 수를 ÷3 하면
나누는 수도 ÷3을 하면 된다!
※ 반드시 같은 수를 쓸 것

같은 수
$96 = 32$ ×3
$24 = 8$ ×3

연습 문제

① 144 ÷ 18

② 189 ÷ 27

③ 252 ÷ 36

- 되는 대로 계산하면 **40초**
- 계산기를 쓰면 **20초**
- 계산 비법을 쓰면 **15초**

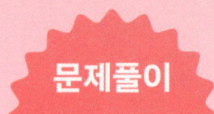

① $144 \div 18$ 같은 수
    $\div 2 \downarrow \quad \downarrow \div 2$ $144 = 72 \boxed{\times 2}$
    $= 72 \div 9$ $18 = 9 \boxed{\times 2}$
    $= 8$

② $189 \div 27$ 같은 수
    $\div 3 \downarrow \quad \downarrow \div 3$ $189 = 63 \boxed{\times 3}$
    $= 63 \div 9$ $27 = 9 \boxed{\times 3}$
    $= 7$

③ $252 \div 36$ 같은 수
    $\div 4 \downarrow \quad \downarrow \div 4$ $252 = 63 \boxed{\times 4}$
    $= 63 \div 9$ $36 = 9 \boxed{\times 4}$
    $= 7$

누워서 떡 먹기!

암산으로 15초 만에 풀었어요.

연필왕, 아주 좋아요!

 엑설런트!

참고로 '한 수를 반으로 나누고 다른 한 수도 반으로 나누기'를 반복하는 방법도 있어.

$$252 \div 36$$

반으로 나누기($\div 2$)↓　　↓반으로 나누기($\div 2$)

$$= 126 \div 18$$

반으로 나누기($\div 2$)↓　　↓반으로 나누기($\div 2$)

$$= 63 \div 9$$

같은 수
$252 = 126 \times 2$
$36 = 18 \times 2$

같은 수
$126 = 63 \times 2$
$18 = 9 \times 2$

'비율 줄이기'나 '분수 약분하기'처럼

'나눗셈 간단히 만들기'를 마스터해서

나누기 싫어하는 사람들은 그 마음을 반으로 나눠버리자($\div$)!

알렉스의 계산기 짤막 상식

세계의 계산 기호를
알아보자!!

🙂 나눗셈 기호는 나라에 따라 달라. 사실 나눗셈 기호가 '÷(오벨루스)'인 곳은 한국, 일본, 미국, 영국뿐이야.

🙂 그래!? 다른 나라에서는 어떤 기호를 쓰는데?

🙂 독일이나 프랑스, 네덜란드에서는 나눗셈 기호로 ':(콜론)'을 써!

🙂 엥!? 그건 비율을 나타내는 기호잖아!

🙂 그밖에 나눗셈 기호가 '/(빗금)'인 나라도 있어.

🙂 엥!? 그건 $\frac{1}{3}$(3분의 1) 같은 데서 쓰니까 분수 기호 아니야?

🙂 맞아! 사실 '나눗셈'과 '비율'과 '분수'는 본질적으로 같아.
그래서 '÷'와 ':'과 '/'도 의미는 거의 같고,
'나눗셈을 간단히 만든다'와 '비를 간단히 만든다'와 '분수를 약분한다'는 모두 비슷하다고 생각해도 좋아.

 아, 그렇구나!

 참고로 곱셈 기호도 여러 가지가 있어.
일본은 초등학교나 중학교에서는 곱셈 기호를 '×'로 쓰는데, 고등학교에 들어가면 '·'를 써.

 뭐라고~!?
곱셈 기호가 '×'에서 '·'로 바뀐다고?

 그래.
고등학교에서 배우는 수학에서는 x(엑스)나 y(와이)를 쓴 문자식이 주인공이거든.
만약 곱셈 기호를 그대로 '×'로 쓰면 'x(엑스)'랑 '×(곱하기)'가 분간이 잘 안 되잖아.
그래서 고등학교에서는 곱셈 기호를 '·'로 쓰는 거야!

> **3 x y**
> 3곱하기 y일까
> 3xy일까?
> 정말 헷갈려~

 오호라! 이해했어!

 그리고 프로그래밍 세계에서는
덧셈 기호는 '+(플러스)'
뺄셈 기호는 '-(마이너스)'
곱셈 기호는 '*(별표)'
나눗셈 기호는 '/(빗금)'.
이게 일반적이야.

 그렇구나~~~+(*-*)/.

계산 비법 3
분배 고파

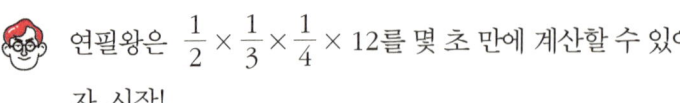 연필왕은 $\frac{1}{2} \times \frac{1}{3} \times \frac{1}{4} \times 12$를 몇 초 만에 계산할 수 있어? 자, 시작!

 가만 보자, 처음에 ( ) 안의 분수를 더하고 거기에 12를 곱하니까,

$$\left(\frac{1}{2} + \frac{1}{3} + \frac{1}{4}\right) \times 12$$
$$= \left(\frac{6}{12} + \frac{4}{12} + \frac{3}{12}\right) \times 12$$
$$= \frac{13}{12} \times 12$$
$$= 13$$

 됐다! 10초 만에 풀었어요.

 노노노!

계산 비법을 쓰면 5초 만에 풀 수 있어.

게다가 분수의 덧셈은 하지 않아도 돼.

 뭐라고요!?

 어떤 건지 궁금하지 않아?

 궁금해요!

그럼 소개할게.

이번 계산 비법은 이거야!

이름하여 〈분배 고파〉.

〈분배〉 → 〈고(곱하기)〉 → 〈파(덧셈의 합)〉를 순서대로 계산하는 거야.

〈분배 고파〉 사용법

 문제에 ( )가 있을 때는

( ) 안을 먼저 계산한다는 법칙이 있잖아.

 물론 그건 알고 있죠.

그래서 ( ) 안에 있는 분수의 덧셈을 먼저 한 건데요.

 기본적으로는 그렇게 하면 돼.

그런데 더 좋은 방법이 있어.

그러니까 처음에 ( ) 밖에 있는 곱셈을 ( ) 안으로 '분배'하는 거야.

그다음에 '곱셈' → '합'으로 답을 구하고.

'분배' → '곱셈' → '합'을 합쳐서 '분배 고파'!

 〈분배 고파〉! 〈분배 고파〉!

외웠어요!

 그럼 (8 + 3 + 1) × 0.4를

'일반적인 방법'과 '분배 고파'를 써서

각각 계산해 보자.

일반적인 방법으로는 이렇게 되죠.

$(8 + 3 + 1) \times 0.4$

$= 12 \times 0.4$

$= 4.8$

그리고 〈분배 고파〉를 쓰면······.

$(8 + 3 + 1) \times 0.4$

$= 8 \times 0.4 + 3 \times 0.4 + 1 \times 0.4$

$= 3.2 + 1.2 + 0.4$

$= 4.8$

답이 같네요!

 〈일반적인 방법〉은 '채소 샐러드 전체'에 '소스'을 뿌리는 것.

채소   소스
$(8 + 3 + 1) \times 0.4$

전체 소스
$= 12 \times 0.4$

〈분배 고파〉는

'채소 스틱 하나하나'에 '소스'를 뿌린다는 이미지를 생각하면 돼.

채소   소스
$(8 + 3 + 1) \times 0.4$
하나 소스 하나 소스 하나 소스
$= 8 \times 0.4 + 3 \times 0.4 + 1 \times 0.4$

 그렇구나, 머리에 잘 들어오네요.

그런데 이 문제는 〈일반적인 방법〉을 쓰는 게 더 편하지 않나요?

맞아.

기본적으로는 ( ) 안을 먼저 계산하니까 괜찮아.

하지만 $\left(\dfrac{1}{2} + \dfrac{1}{3} + \dfrac{1}{4}\right) \times 12$ 처럼

( ) 안이 분수의 덧셈과 뺄셈일 경우에는 분배 법칙을 쓰면

$$\left(\dfrac{1}{2} + \dfrac{1}{3} + \dfrac{1}{4}\right) \times 12$$
$$= \dfrac{1}{2} \times 12 + \dfrac{1}{3} \times 12 + \dfrac{1}{4} \times 12$$
$$= 6 + 4 + 3$$

 분수가 사라졌다~!

이러면 암산으로 풀 수 있겠네요.

정답은 13!

 엑설런트!

그럼 〈분배 고파〉를 써서

문제를 한번 쭉 풀어 볼까?

분배 고파
분수의 덧셈·뺄셈 편

> 곱셈을 분배하면 분수가 사라진다

난이도 ★★☆☆　천재도 ★★★☆☆　실용도 ★★★★☆

( ) 안이 분수의 덧셈·뺄셈일 경우, [분배]→[곱셈]→[합]으로 정답을 구하자.

예제 $\left(\dfrac{1}{2} + \dfrac{1}{3} + \dfrac{1}{4}\right) \times 12$

$$\left(\dfrac{1}{2} + \dfrac{1}{3} + \dfrac{1}{4}\right) \times 12 \quad \text{분배}$$

$$= \dfrac{1}{2} \times 12 + \dfrac{1}{3} \times 12 + \dfrac{1}{4} \times 12$$

　　　①고파　　　②고파　　　③고파

$$= 6 + 4 + 3$$

↓합

$$= 13$$

연습 문제

① $\left(\dfrac{1}{4} + \dfrac{1}{6}\right) \times 36$

② $60 \times \left(\dfrac{1}{12} + \dfrac{1}{15} + \dfrac{1}{20}\right)$

③ $\left(\dfrac{1}{30} - \dfrac{1}{40} + \dfrac{1}{48}\right) \times 480$

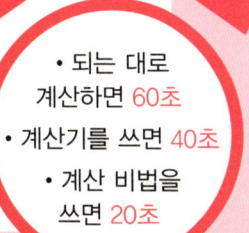

- 되는 대로 계산하면 **60초**
- 계산기를 쓰면 **40초**
- 계산 비법을 쓰면 **20초**

① $\left(\dfrac{1}{4} + \dfrac{1}{6}\right) \times 36$

$= \dfrac{1}{4} \times 36 + \dfrac{1}{6} \times 36$

$= \quad 9 \quad + \quad 6$

$= 15$

② $60 \times \left(\dfrac{1}{12} + \dfrac{1}{15} + \dfrac{1}{20}\right)$

$= 60 \times \dfrac{1}{12} + 60 \times \dfrac{1}{15} + 60 \times \dfrac{1}{20}$

$= \quad 5 \quad + \quad 4 \quad + \quad 3$

$= 12$

③ $\left(\dfrac{1}{30} - \dfrac{1}{40} + \dfrac{1}{48}\right) \times 480$

$= \dfrac{1}{30} \times 480 - \dfrac{1}{40} \times 480 + \dfrac{1}{48} \times 480$

$= 16 - 12 + 10$

$= 14$

- 누워서 떡 먹기!
  암산으로 20초 만에 풀었어요.
  연필왕이 나가십니다!

- 슈퍼 그레이트 엑설런트!
  이 비법을 잘 활용하면
  고파, 고파, 분배 고파
  나는, 나는, 천재 고파 ♪

변형 분배 고파
25×4나 125×8 이용 편

\ 25나 125의 짝을 억지로 만들기 /

난이도 ★★★☆☆　천재도 ★★★★☆　실용도 ★★★★★

25나 125를 발견하면 아래와 같이 변형한 다음에 [분배]→[곱셈]→[합]으로 답을 구해 보자.

$$25 \times \bigcirc \rightarrow \bigcirc \div 4 = \square \text{ 나머지 } \triangle \rightarrow 25 \times (4 \times \square + \triangle) \text{로 변형}$$
$$125 \times \bigcirc \rightarrow \bigcirc \div 8 = \square \text{ 나머지 } \triangle \rightarrow 125 \times (8 \times \square + \triangle) \text{로 변형}$$

예제 25×29

$$25 \times \boxed{29}$$
$$= 25 \times (4 \times \boxed{7} + 1)$$

25를 발견!
29÷4= 7 나머지 1이니까
29→4× 7 +1로 변형

$$= 25 \times 4 \times \boxed{7} + 25 \times 1$$
　　　①고파　　②고파
$$25 \times 4 = 100$$
$$= 100 \times \boxed{7} + 25$$
$$= \boxed{7}00 + 25$$
　　　↓합
$$= \boxed{7}25$$

연습 문제

① 25 × 13

② 73 × 125

③ 125 × 19

- 되는 대로 계산하면 **50초**
- 계산기를 쓰면 **25초**
- 계산 비법을 쓰면 **20초**

문제풀이

① $25 \times \boxed{13}$
$= 25 \times (4 \times \boxed{3} + 1)$
$= 25 \times 4 \times \boxed{3} + 25 \times 1$
  (25×4=100)
$= 100 \times \boxed{3} + 25$
$= \boxed{3}00 + 25$
$= \mathbf{325}$

> 25를 발견!
> 13÷4= $\boxed{3}$ 나머지 1이니까
> 13→4× $\boxed{3}$ +1로 변형

② $\boxed{73} \times 125$
$= (8 \times \boxed{9} + 1) \times 125$
$= 8 \times \boxed{9} \times 125 + 1 \times 125$
  (8×125=1000)
$= \boxed{9} \times 1000 + 125$
$= \boxed{9}000 + 125$
$= \mathbf{9125}$

> 125를 발견!
> 73÷8= $\boxed{9}$ 나머지 1이니까
> 73→8× $\boxed{9}$ +1로 변형

③ $125 \times \boxed{19}$
$= 125 \times (8 \times \boxed{2} + 3)$
　　　　　　①↗　　②↗

> 125를 발견!
> 19÷8= $\boxed{2}$ 나머지 3이니까
> 19→8× $\boxed{2}$ +3으로 변형

$= \underline{125 \times 8 \times \boxed{2}} + \underline{125 \times 3}$
　　　　①　　　　　②

　　$125 \times 8 = 1000$
$= 1000 \times \boxed{2} + 375$
$= \boxed{2}000 + 375$
$= 2375$

🧑 누워서 떡 먹기!
　　암산으로 20초 만에 풀었어요.
　　연필왕, 빠르게 발전하고 있군요!

🧑 슈퍼 그레이트 엑설런트!
　　참고로 익숙해지면 이런 방법
　　(오른쪽)으로도 풀 수 있어.
　　나눗셈의 '몫'과 '나머지'에서
　　바로 정답을 끌어낼 수 있지.

> **125 × 19**
> 125를 발견! 19÷8=2 나머지 3
> 125×8이 ②개　125가 ③개
> 　　↓　　　　　↓
> $= 2000 + 375$
> $= 2375$

🧑 그 방법, 멋져, 멋져, 분배 멋져♪

🧑 진짜, 완전, 대박 방법♪

변형 분배 고파
×999 편

\! 99나 999는 비법을 쓸 찬스 /

난이도 ★★☆☆ 천재도 ★★★☆☆ 실용도 ★★★★☆

100이나 1000에 가까운 수를 발견하면 아래처럼 변형한 다음에 [분배]→[곱셈]→[합]으로 답을 구해 보자.

| ○ × 99 → ○ × (100 − 1)로 변형 | ○ × 999 → ○ × (1000 − 1)로 변형 |
| ○ × 98 → ○ × (100 − 2)로 변형 | ○ × 997 → ○ × (1000 − 3)로 변형 |

 678 × 999

$$678 \times \boxed{999}$$
$$= 678 \times \boxed{(1000 - 1)}$$
$$= 678 \times 1000 - 678 \times 1$$
$$= 678000 - 678$$
$$= 677\boxed{999} - \boxed{677}$$
$$= 677\boxed{322}$$

999를 발견!
999→1000-1로 변형

실전 07
□ 안의 수를 빼면 끝

연습 문제

① 57 × 99

② 999 × 1234

③ 314 × 9998

- 되는 대로 계산하면 **60초**
- 계산기를 쓰면 **40초**
- 계산 비법을 쓰면 **30초**

문제풀이

① 57×99
$= 57 \times (100 - 1)$
$= 57 \times 100 - 57 \times 1$
$= 5700 - 57$
$= 56\,99 - 56$ 실전 07 □ 안의 수를 빼면 끝
$= 56\,43$

② 999×1234
$= (1000 - 1) \times 1234$
$= 1000 \times 1234 - 1 \times 1234$
$= 1234000 - 1234$
$= 123\,3999 - 1233$ 실전 07 □ 안의 수를 빼면 끝
$= 123\,2766$

③ 314×9998

$= 314 \times (10000 - 2)$

9998을 발견!
9998 → 10000 − 2로 변형

$= 314 \times 10000 - 314 \times 2$

$= 3140000 - 628$

$= 3139\boxed{999} - \boxed{627}$

실전 07
☐ 안의 수를 빼면 끝

$= 3139\boxed{372}$

🧒 누워서 떡 먹기! 암산으로 30초 만에 풀었어요.
연필왕, 엄청난데요!

👨 슈퍼 그레이트 엑설런트!
뺄셈 부분은 실전 07(56페이지)을 쓸 수 있어.
받아내림이 없으니까 계산이 아주 간단하지.
비법 두 개를 섞으면 환상의 조합!
고파, 고파, 멋져 ♪

🧒 근데 그렇게 해도 돼요?

👨 문제없지 ♪ 참고로 ○×999나 ○×9999는 실전 28(184페이지)에서
더 빠른 방법을 전수할 거야! 기대해도 좋아!

우아해의 우아한 설명

〈분배 고파〉를 직사각형으로 생각해 볼게!

🙂 〈분배 고파〉를 직사각형의 넓이로 생각해 보겠어!
〈분배 고파〉는 직사각형의 넓이로 생각하면 아주 쉽거든~.

🙂 그게 무슨 말이야?

🙂 예를 들어 5×(2+3+4)는 세로가 5cm이고 가로가 (2+3+4)cm인 직사각형의 넓이로 생각할 수 있겠지?

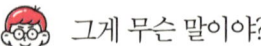

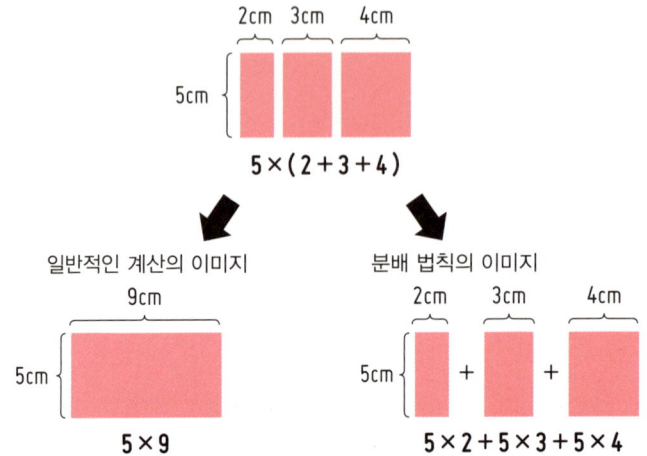

🙂 3개의 직사각형을 붙일지 따로 떼어 놓을지 그 차이구나!

🙂 음~ 우아하군!

알렉스의 계산기 짤막 상식

같은 계산을 해도
계산기에 따라 답이 달라진다!

$\left(\dfrac{1}{4} + \dfrac{1}{6}\right) \times 36$ 을 계산기로 어떻게 계산할까?

여러분은 계산기로 계산할 수 있을까?

꼭 도전해 봐!

사실 스마트폰의 계산기와 일반 계산기는 쓰는 방법이 달라!

둘 다 가지고 있는 사람은 둘 다 써서 도전해 봐!

맞게 계산했어?

우선 스마트폰 계산기와 일반 계산기의 차이를 간단히 설명할게!

어떤 차이가 있을까? 두근두근~!

차이점 ①

2+3×4=이라고 각각 계산기에 입력해 봐!

그러면 신기한 일이 일어날 거야!

스마트폰 계산기는……

2+3×4=을 넣었더니 ……14가 나왔어.

×나 ÷는 +나 −보다 먼저 계산한다는 법칙이 있으니까 이게 맞지.

$$\underline{2 + \underset{\sim}{3 \times 4}}$$
$$\underset{\sim}{= 2 + 12}$$
$$= 14$$

그럼 일반 계산기는……

2+3×4=을 넣었더니 ……20이 나왔어.

어라? 답이 다르잖아!

이 계산기 고장 난 거 아니야?

망가진 건 아니야!

일반 계산기는 왼쪽부터 순서대로 계산한다는 법칙이 있어서

2+3×4=을 넣으면 2+3을 먼저 계산해서 5가 되기 때문에

5×4=20이라는 답이 나오는 거야!

몰랐어~!

스마트폰 계산기는 계산의 법칙을 지키는구나!

일반 계산기는 계산의 법칙을 지키지 않아!

그런 거구나~!

차이점 ②

1÷3×3=이라고 각 계산기에 입력해 봐!

그러면 신기한 일이 일어날 거야!

스마트폰 계산기는……

1÷3×3=을 입력했더니…… 1.

1÷3은 나누어떨어지지 않으니까 분수로 하면 이렇게 되지.

$$1 \div 3 \times 3 = \frac{1}{3} \times 3 = 1$$

그럼 일반 계산기는……

1÷3×3=을 넣었더니…… 0.99999999.

아니? 답이 다르잖아!

이 계산기 진짜 고장 난 거 아니야?

고장 난 건 아니야!

일반 계산기는 분수 계산도 못 하고

왼쪽부터 순서대로 계산한다는 법칙이 있으니까

1÷3×3=을 입력하면

1÷3을 먼저 계산해서 0.33333333이 되고,

0.33333333 × 3 = 0.99999999

그래서 이런 답이 나오는 거야!

그런 거였구나~!

아니? 그런데 스마트폰 계산기도

1÷3=을 넣으면 0.33333333이 나오는데?

맞아!

스마트폰 계산기도 분수를 표시할 수는 없으니까

1÷3=0.33333333으로 표시돼!

하지만 스마트폰은 머릿속으로는 $1 \div 3 = \frac{1}{3}$ 이라고 생각하고 있다고!

그래서 $1 \div 3 \times 3 = 1$ 이라고 맞는 계산을 할 수 있는 거야.

 몰랐어~!

스마트폰 계산기는 분수 계산을 할 수 있고

일반 계산기는 분수 계산을 할 수 없다!

그런 거구나~!

그럼 첫 문제로 돌아가자!

$$\left(\frac{1}{4} + \frac{1}{6}\right) \times 36$$

이걸 계산기로 어떻게 계산할까?

먼저 스마트폰 계산기로 하는 방법

작전

( )는 버튼이 없으니까

먼저 $\frac{1}{4} + \frac{1}{6}$ 을 계산한 다음,

그 답에 ×36을 하는 거야.

$\frac{1}{4}$ 은 1÷4를 입력하면 계산할 수 있어.

$\frac{1}{6}$ 은 1÷6을 입력하면 계산할 수 있어.

방법

1÷4+1÷6=이라고 입력하면 0.41666667로 표시돼.

(하지만 스마트폰은 머릿속으로 5/12라고 생각함)

0.41666667로 표시된 상태에서

×36=을 입력하면 15가 나와.

 나도 했다~!

👦 참고로 아이폰의 경우는 숨은 기능이 있어.

아이폰 계산기는 화면 고정을 풀고 옆으로 돌리면……

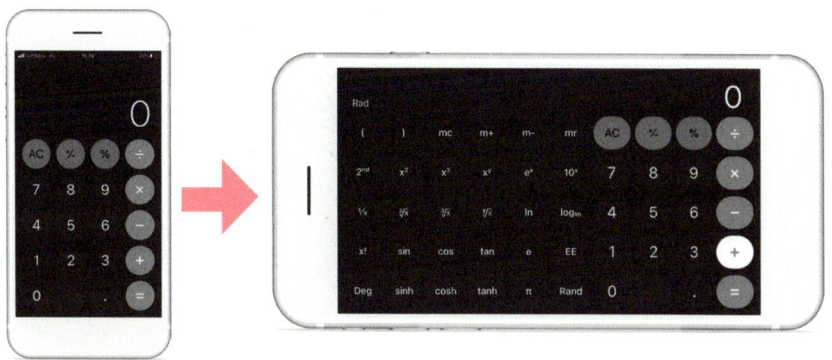

이렇게 바뀌지!

👦 우와! 기호 버튼이 늘어났다!

👦 그래! 그리고 왼쪽 위의 기호를 자세히 보면…….

👦 ( ) 버튼이 있어~!

👦 맞아!

그래서 $(1÷4+1÷6)×36=$이라고 입력하면……

15가 됐다~! 진짜 간단하네!

 그럼 마지막으로 일반 계산기 방법을 설명할게.
$\left(\dfrac{1}{4} + \dfrac{1}{6}\right) \times 36$ 은 이대로 계산할 수는 없어!
분배 법칙을 써서
$\dfrac{1}{4} \times 36 + \dfrac{1}{6} \times 36$ 으로 만든 다음,
$\dfrac{36}{4} + \dfrac{36}{6}$ 으로 바꿀 수 있으니까
36÷4=을 입력하면 9가 나오고
36÷6=을 입력하면 6이 나오고
마지막으로 9+6=을 입력하면 15가 나와.

 귀찮아~!
그렇게 생각하면 아이폰 계산기가 최고구나!

 절대 아니지!
사실 아이폰 계산기보다 편리한 계산기는
이 세상에 아주 많아!

 그래~!?

 그중에서도 강력 추천하고 싶은 게 있는데,
데스모스 그래핑 계산기야.
( )가 있는 식은 물론이고,
입력한 식이 화면에 표시되니까 알기가 쉬워!
게다가 입력한 식과 정답이 기록으로 남거든!

데스모스 웹사이트(desmos.com)를 통해 사용할 수 있는 그래핑 계산기.
인터넷만 연결되어 있으면 컴퓨터나 스마트폰으로 사용할 수 있다. 다양한 계산 기호를 쓸 수 있고, ( )나 분수 계산도 가능하다.

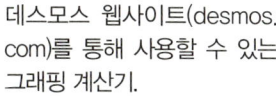 우와! 진짜 대단해!
그런데 비싸지?

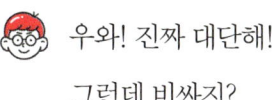 궁금하지? 놀라지 마, 가격은 공짜야!

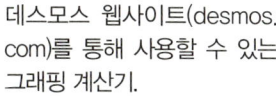 이럴 수가~!

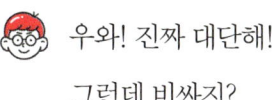 데스모스 그래핑, 기억하라고!

계산 비법 4

동×(잔) (동곱괄호잔)

 연필왕은 12×68+12×32를 몇 초 만에 풀 수 있어?
자, 시~작!

 음, 처음에 필산으로 곱셈을 하고, 그다음에 덧셈을 해서

   12 × 68 + 12 × 32

= 816 + 384

= 1200

좋아! 20초 만에 풀었어요.

 노노노!

계산 비법을 쓰면 5초 만에 풀 수 있어.

그것도 필산은 하지 않고 암산만 해서 말이야.

 뭐라고요!?

 어떤 건지 궁금하지 않아?

 궁금해요!

 그럼 알려주지.

이번 계산 비법은 이거야!

이름하여 〈동×(잔)〉(동곱괄호잔).

〈동×(잔)〉 사용법

 12×68+12×32는 12×가 공통으로 들어간 곱셈이니까

　　　12 × 68 + 12 × 32

= 12 × (　　　)

이렇게 정리할 수 있어.

( ) 안에는 뭐가 들어갈까?

 68이랑 32요?

 맞아!

남은 애들을 그대로 집어넣으면 돼!

　　　12 × 68 + 12 × 32

= 12 × (68 + 32)

이제 암산할 수 있지?

 어디 보자.

　　　12 × (68 + 32)

= 12 × (100)

= 1200

68+32가 100이니까 완전 간단하죠.

엑설런트!

여기서 연필왕에게 질문이다.

$12 \times 68 + 12 \times 32$

$= 12 \times (68 + 32)$

이 변형 어디서 본 적 없어?

우린 이미 비슷한 변형을 했는데 말이야.

 음…… 앗! 위아래를 뒤집으면……

$12 \times (68 + 32)$

$= 12 \times 68 + 12 \times 32$

〈분배 고파〉다~!

 바로 그거야!

〈동×(잔)〉　　　　　　　〈분배 고파〉

$12 \times 68 + 12 \times 32$　　　$12 \times (68 + 32)$

$= 12 \times (68 + 32)$　　　$12 \times 68 + 12 \times 32$

좌우로 나열해 보면 〈동×(잔)〉이 〈분배 고파〉의 반대라는 걸 잘 알 수 있지!

 그렇군요. 〈분배 고파〉라고 하면

우아해가 직사각형의 넓이로 우아하게 설명해 줬어요.

앗! 그 말은

〈동×(잔)〉도 직사각형의 넓이로 생각할 수 있다는 거네요!?

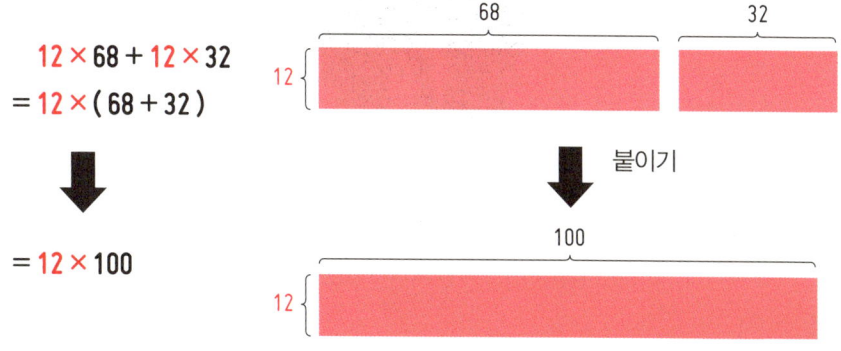

됐다~!

 우아해~!

곱셈을 직사각형의 넓이로 생각하는 건

계산뿐만 아니라 도형 센스도 좋아지는 거니까

여러 가지 곱셈 문제를 도형 문제로 연결지어 생각해 보자.

 네!

(우아해한테 이것저것 배운 덕분이야~~~ 우후후)

 좋아!

그럼 〈동×(잔)〉(동곱괄호잔)을 써서

문제를 쭉 한번 풀어 보자.

동×(잔)
기본 편

\ 같은 수의 곱셈은 한데 모으자 /

난이도 ★★☆☆☆   천재도 ★★★☆☆   실용도 ★★★★★

같은 수의 곱셈을 발견하면 [동×( )]으로 모으고 ( ) 안에는 남는 것들을 넣자.

예제 $12 \times 68 + 12 \times 32$

$$12 \times 68 + 12 \times 32$$
$$= 12 \times (68 + 32)$$
$$= 12 \times 100$$
$$= 1200$$

12×가 같다!

연습 문제

① 314 × 57 + 314 × 43

② 67 × 19 + 81 × 67

③ 29 × 61 + 61 × 37 + 34 × 61

④ 125 × 333 + 125 × 555

- 되는 대로 계산하면 **120초**
- 계산기를 쓰면 **60초**
- 계산 비법을 쓰면 **30초**

문제풀이

① $314 \times 57 + 314 \times 43$
$= 314 \times (57 + 43)$
$= 314 \times 100$
$= 31400$

② $67 \times 19 + 81 \times 67$
$= 67 \times (19 + 81)$
$= 67 \times 100$
$= 6700$

③ $29 \times 61 + 61 \times 37 + 34 \times 61$
$= 61 \times (29 + 37 + 34)$
$= 61 \times 100$
$= 6100$

④ $125 \times 333 + 125 \times 555$
$= 125 \times (333 + 555)$
$= 125 \times 888$
           8×111 실전 04
$= 1000 \times 111$
$= 111000$

🧑 누워서 떡 먹기!
암산으로 30초 만에 풀었어요.
연필왕, 거침이 없습니다!

🧑 슈퍼 그레이트 엑설런트!
같은 수의 곱셈을 발견했다면,
〈동×(잔)〉(동곱괄호잔)을 등장시키자고!

동×(잔)
변형 편

\ 같은 수를 만들기 & 한데 모으기 /

난이도 ★★★☆ 천재도 ★★★★★ 실용도 ★★★★☆

가까운 수의 곱셈을 발견했다면 식을 변형해서 같은 수의 곱셈을 만든 다음 〈동×(잔)〉을 쓰자!

예제 $12 \times 68 + 13 \times 32$

$12 \times 68 + \boxed{13} \times 32$ $12 \times (\ \ )$ 형태로 만들고 싶다! $13 \rightarrow 12+1$로 변형

$= 12 \times 68 + \boxed{(12+1)} \times 32$

$= 12 \times 68 + 12 \times 32 + 1 \times 32$

$= 12 \times (68+32) + 1 \times 32$

$= 12 \times 100 + 32$

$= 1200 + 32$

$= 1232$

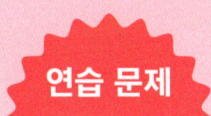

① 314 × 57 + 315 × 43

② 69 × 19 + 81 × 67

③ 29 × 60 + 61 × 37 + 34 × 62

- 되는 대로 계산하면 120초
- 계산기를 쓰면 60초
- 계산 비법을 쓰면 40초

문제풀이

① $314 \times 57 + 315 \times 43$　　314×(　) 형태로 만들고 싶다!
　　　　　　　　　　　　　　　315→314+1로 변형

$= 314 \times 57 + (314 + 1) \times 43$

$= 314 \times 57 + 314 \times 43 + 1 \times 43$

$= 314 \times (57 + 43) + 1 \times 43$

$= 314 \times 100 + 43$

$= 31400 + 43$

$= 31443$

② $69 \times 19 + 81 \times 67$　　67×(　) 형태로 만들고 싶다!
　　　　　　　　　　　　　　　69→67+2로 변형

$= (67 + 2) \times 19 + 81 \times 67$

$= 67 \times 19 + 2 \times 19 + 81 \times 67$

$= 67 \times (19 + 81) + 2 \times 19$

$= 67 \times 100 + 38$

$= 6700 + 38$

$= 6738$

③   61×( ) 형태로 만들고 싶다!
                          60→61-1   62→61+1로 변형

$$29 \times 60 + 61 \times 37 + 34 \times 62$$
$$= 29 \times (61 - 1) + 61 \times 37 + 34 \times (61 + 1)$$
$$= 29 \times 61 - 29 \times 1 + 61 \times 37 + 34 \times 61 + 34 \times 1$$
$$= 61 \times (29 + 37 + 34) - 29 \times 1 + 34 \times 1$$
$$= 61 \times 100 - 29 + 34$$
$$= 6100 + 5$$
$$= 6105$$

 누워서 떡 먹기!

　 암산으로 40초 만에 풀었어요.

　 변형이 잘 되면 기분이 좋네요~!

 슈퍼 그레이트 엑설런트!

　 그렇게 좋은 기분을 느끼는 게 아주 중요해.

　 문제 속에 감추어진 기분 좋은 변형을 곱게(×) 간파하자!

동×(잔)
소수 여기저기 편

\ 소수점 옮기는 법을 터득하자 /

난이도 ★★★★☆　천재도 ★★★★★　실용도 ★★★★★

소수점 자릿수가 다른 곱셈을 발견했다면 소수점을 이동시켜서 같은 수의 곱셈을 만든 다음 〈동×(잔)〉을 쓰자.
곱셈의 경우는 한 수의 소수점을 오른쪽으로 옮기면 다른 한 수의 소수점을 똑같이 왼쪽으로 옮기면 된다.

예제 $123.4 \times 0.19 + 1.234 \times 81$

$123.4 \times 0.19 + 1.234 \times 81$ 　$\boxed{123.4 \times (\quad) \\ \text{형태로 만들고 싶다!}}$

오른쪽으로 2칸(×100) ↓　　↓ 왼쪽으로 2칸(÷100)

$= 123.4 \times 0.19 + 123.4 \times 0.81$

$= 123.4 \times (0.19 + 0.81)$

$= 123.4 \times 1$

$= 123.4$

반대 방향으로
같은 횟수만큼 움직이면 OK.

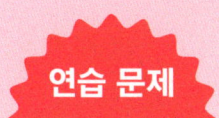

연습 문제

① 2.3 × 0.79 + 0.23 × 2.1

② 5.71 × 179 − 7.9 × 57.1

③ 3.14 × 34 + 31.4 × 5.2 + 0.314 × 140

- 되는 대로 계산하면 120초
- 계산기를 쓰면 60초
- 계산 비법을 쓰면 40초

문제풀이

① $2.3 \times 0.79 + 0.23 \times 2.1$ `2.3×( ) 형태로 만들고 싶다!`

　　　오른쪽으로 1칸(×10) ↓　　↓ 왼쪽으로 1칸(÷10)

$= 2.3 \times 0.79 + 2.3 \times 0.21$

$= 2.3 \times (0.79 + 0.21)$

$= 2.3 \times 1$

$= 2.3$

② $5.71 \times 179 - 7.9 \times 57.1$ `5.71×( ) 형태로 만들고 싶다!`

　　　오른쪽으로 1칸(×10) ↓　　↓ 왼쪽으로 1칸(÷10)

$= 5.71 \times 179 - 79 \times 5.71$

$= 5.71 \times (179 - 79)$

$= 5.71 \times 100$

↓ 오른쪽으로 2칸(×100)

$= 571$

③ 　　　　　　　　　　　　3.14×( ) 형태로 만들고 싶다!

3.14 × 34 + 31.4 × 5.2 + 0.314 × 140

　　　　　왼쪽으로 칸　오른쪽으로 칸　오른쪽으로 칸　왼쪽으로 칸
　　　　　　(÷10)　　　(×10)　　　(×10)　　　(÷10)

= 3.14 × 34 + 3.14 × 52 + 3.14 × 14

= 3.14 × (34 + 52 + 14)
= 3.14 × 100
　　↓ 오른쪽으로 2칸(×100)
= 314

- 누워서 떡 먹기!
  암산으로 40초 만에 풀었어요.
- 슈퍼 그레이트 엑설런트!

우아해의 우아한 설명

원 문제 풀 때도
〈동×(잔)〉을 쓰는 걸 추천해~!

 원이나 부채꼴 문제는

〈동×(잔)〉을 쓰는 걸 추천해~!

'반지름이 6인 원의 넓이와 반지름이 8인 원의 넓이의 합을 구하시오.'

이 문제는 어떻게 풀면 좋을까?

 그건 간단하지!

원의 넓이=반지름×반지름×3.14이니까

반지름이 6인 원의 넓이=6×6×3.14=113.04

반지름이 8인 원의 넓이=8×8×3.14=200.96이니까

합은 113.04+200.96=314

정답은 314cm^2.

 정답은 맞았어!

하지만 사실 간단한 방법이 있지!

원이나 부채꼴 문제는 ×3.14가 반드시 나오지.

그 말은 곧 같은 수의 곱셈이라는 뜻이 아니겠어?

 〈동×(잔)〉이다! 그러니까,

반지름이 6인 원의 넓이+반지름이 8인 원의 넓이

114

= 6 × 6 × 3.14 + 8 × 8 × 3.14

= 3.14 × (6 × 6 + 8 × 8)

= 3.14 × (36 + 64)

= 3.14 × 100

= 314

정답은 $314 cm^2$.

굉장한데!

이렇게 하면 귀찮은 3.14 곱셈을 암산으로 풀 수 있어!

 음~ 우아해!

그럼 다음 문제!

그림의 둘레 길이를 구하시오.

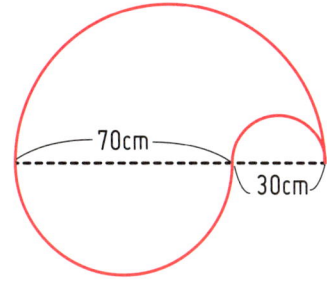

 어디 보자……

(지름이 100인 반원의 호)+(지름이 70인 반원의 호)+(지름이 30인 반원의 호)

이걸 구하면 되겠네!

원둘레의 길이=지름×3.14이니까

반원의 호의 길이=지름×3.14÷2가 되어서

(지름이 100인 반원의 호)+(지름이 70인 반원의 호)+(지름이 30인 반원의 호)

= 100 × 3.14 ÷ 2 + 70 × 3.14 ÷ 2 + 30 × 3.14 ÷ 2

좋아~! 〈동×(잔)〉으로 ×3.14를 한데 모으겠어~!

= 3.14 × (100 ÷ 2 + 70 ÷ 2 + 30 ÷ 2)

= 3.14 × (50 + 35 + 15)

= 3.14 × 100

= 314

됐어~!

또 3.14의 곱셈을 암산으로 풀었네!

 정말 우아해!

그럼 마지막 문제!

이것도 〈동×(잔)〉을 쓸 수 있어!

[문제] 그림에서 검은 부분의 넓이를 구하시오.

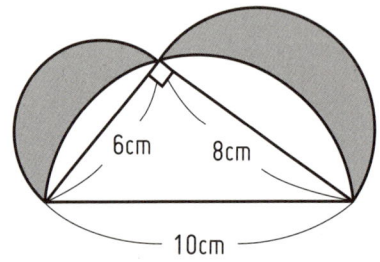

 좋아~! 〈동×(잔)〉을 등장시키겠어~!

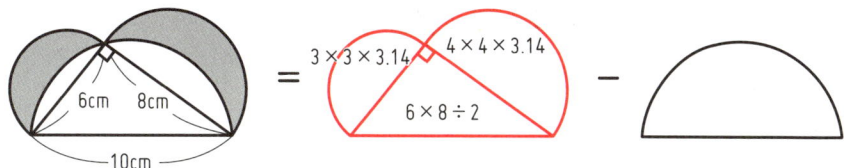

반지름이 3cm인 반원+반지름이 4cm인 반원+세 변이 각각 6cm, 8cm, 10cm인 직각삼각형-반지름이 5cm인 반원

$= 3 \times 3 \times 3.14 \div 2 + 4 \times 4 \times 3.14 \div 2 + 6 \times 8 \div 2 - 5 \times 5 \times 3.14 \div 2$

$= 3.14 \times (3 \times 3 \div 2 + 4 \times 4 \div 2 - 5 \times 5 \div 2) + 6 \times 8 \div 2$

$= 3.14 \times \left(\dfrac{9}{2} + \dfrac{16}{2} - \dfrac{25}{2}\right) + 24$

$= 3.14 \times 0 + 24$

$= 24$

정답은 24cm²야.

 정말이지 우아해!

그러니까 검은 부분(2개의 초승달)의 넓이는

직각삼각형의 넓이와 같아지거든!

이건 '히포크라테스의 정리'라고 불리지!

그리고 이 문제처럼

직각삼각형에 붙어 있는 초승달의 넓이를 구하는 문제는

'히포크라테스의 초승달'이라고 해.

 정말이지 우아한 문제구나!

<나눌 사람은 1층으로 다 모여>
(32페이지)

계산 비법 5

수열의 합

 먼저 '수열'에 대해 설명해 볼게.

　1, 4, 9, 16, 25, 36

수를 일렬로 나열한 것을 '수열'이라고 해.

참고로 이건

'수열'이 아니라 '마셨수열'이고.

 우와~!

 덧셈의 답을 '합'이라고 하니까

　1 + 4 + 9 + 16 + 25 + 36

이건 '수열의 합'이야.

그리고 이건

'마셨수열의 종합'이고.

 우와~!

 이번에는 이 수열에 대해 생각해 보자.

    1, 4, 7, 10, 13

어떤 특징이 있을까?

 옆자리 수랑 비교하면 3씩 늘어났어요.

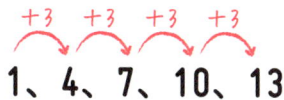

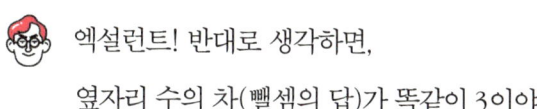 엑설런트! 반대로 생각하면,

옆자리 수의 차(뺄셈의 답)가 똑같이 3이야.

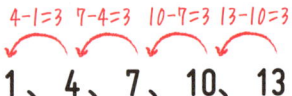

1、4、7、10、13

이렇게 '차가 일정한 수열'을 '등차수열'이라고 해.

 덧셈의 답을 '합'이라고 하니까

1 + 4 + 7 + 10 + 13

이건 '등차수열의 합'이야.

 와~

 이번에는 이 수열에 대해 생각해 보자.

2, 6, 18, 54, 162, 486

어떤 특징이 있을까?

 옆자리 수를 비교하면 다음과 같이 전부 3배예요.

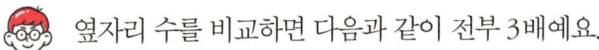

 엑설런트!

다르게 보면 옆자리 수의 비가 모두 1:3으로 같지.

이렇게 '비가 일정한 수열'을 '등비수열'이라고 해.

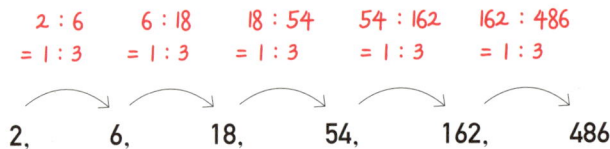

120

덧셈의 답을 '합'이라고 하니까

2 + 6 + 18 + 54 + 162 + 486

이건 '등비수열의 합'이야.

사실 많은 〈수열의 합〉에는 마법 같은 기술이 숨어 있어.

그 기술, 궁금하지 않아?

 궁금해요!

 그럼 이번에는 〈수열의 합〉에 숨어 있는 기술을 쭉 소개해 볼게.

수열의 합
등차수열 편

\ 처음과 마지막과 개수에 주목! /

난이도 ★★★☆☆ 천재도 ★★★☆☆ 실용도 ★★★★★

등차수열의 합은 $\left[(처음 + 마지막) \times \dfrac{개수}{2} \right]$로 구하자.

예제 $1 + 4 + 7 + 10 + 13$

> 차가 3으로 같으니 등차수열

$\triangle{1} + 4 + 7 + 10 + \boxed{13}$ ⟨5개⟩

↓ (처음 + 마지막) × $\dfrac{개수}{2}$

$= (\triangle{1} + \boxed{13}) \times \dfrac{⟨5⟩}{2}$

$= \overset{7}{\cancel{14}} \times \dfrac{5}{\cancel{2}}$

$= 35$

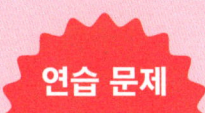

① 1 + 2 + 3 + 4 + 5 + 6 + 7 + 8 + 9 + 10

② 1 + 2 + 3 + ··· + 197 + 198 + 199

③ 5 + 10 + 15 + ··· + 90 + 95 + 100

④ 4 + 7 + 10 + ··· + 70 + 73 + 76

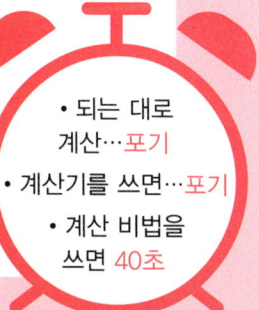

- 되는 대로 계산…포기
- 계산기를 쓰면…포기
- 계산 비법을 쓰면 40초

문제풀이

차가 1로 같음

① △1△ + 2 + 3 + 4 + 5 + 6 + 7 + 8 + 9 + □10□   <10개>

  ↓ (처음 + 마지막) × 개수/2

  = (△1△ + □10□) × 10/2
  = 11 × 10/2 (10→5, 2→1)
  = **55**

차가 1로 같음

② △1△ + 2 + 3 + ⋯ + 197 + 198 + □199□   <199개>

  ↓ (처음 + 마지막) × 개수/2

  = (△1△ + □199□) × 199/2
  = 200 × 199/2   (200→100)
  = **19900**

  〔1~10이 10개라면 1~199는 199개〕

차가 5로 같음

③ 1×⑤ 2×⑤ 3×⑤ ⋯ 18×⑤ 19×⑤ 20×⑤

  △5△ + 10 + 15 + ⋯ + 90 + 95 + □100□   <20개>

  ↓ (처음 + 마지막) × 개수/2

  = (△5△ + □100□) × 20/2
  = 105 × 20/2 (20→10, 2→1)
  = **1050**

④

차가 3으로 같음

1×③+1 2×③+1 3×③+1 ⋯ 23×③+1 24×③+1 25×③+1

△4 + 7 + 10 + ⋯ + 70 + 73 + ▢76 <25개>

↓ (처음 + 마지막) × 개수/2

= (△4 + ▢76) × 25/2

= 80 × 25/2 (80→40, 2→1)

= 4 × 10 × 25   실전 04

= 100 × 10

= **1000**

🧑 누워서 떡 먹기!

암산으로 40초 만에 풀었어요.

확실히 빠르네요!

🧑 슈퍼 그레이트 엑설런트!

등차수열의 합을 구하는 기술을 써서

모두를 '아합!' 하고 놀라게 하자.

수열의 합
등비수열 편

처음과 마지막과 공비에 주목!

난이도 ★★★☆ 천재도 ★★★★☆ 실용도 ★★★★★

등차수열의 합은 $\left[\dfrac{\text{마지막} \times \text{공비} - \text{처음}}{\text{공비} - 1}\right]$ 으로 구하자.

공비는 [2번째÷1번째]로 구할 수 있다.

예제 $2 + 6 + 18 + 54 + 162 + 486$

비가 1:3으로 같으니 등비수열

△2 + 6 + 18 + 54 + 162 + □486

↓ 마지막 × 공비 − 처음 / 공비 − 1

공비 (2번째) ÷ (1번째) = 6 ÷ 2 = 3

$$= \dfrac{486 \times 3 - 2}{3 - 1}$$

$$= \dfrac{1458 - 2}{2} = \dfrac{1456}{2}$$

$$= 728$$

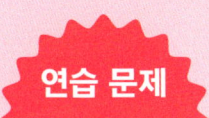

연습 문제

① 2 + 10 + 50 + 250 + 1250 + 6250

② 1024 + 512 + 256 + 128 + 64 + 32 + 16 + 8 + 4 + 2 + 1

- 되는 대로 계산하면 60초
- 계산기를 쓰면 30초
- 계산 비법을 쓰면 25초

문제풀이

① $\triangle 2 + 10 + 50 + 250 + 1250 + \boxed{6250}$

↓ $\dfrac{\boxed{마지막} \times \text{공비} - \text{처음}}{\text{공비} - 1}$

> 공비
> (2번째) ÷ (1번째) = 10 ÷ 2 = 5

$= \dfrac{\boxed{6250} \times \text{⑤} - \triangle 2}{\text{⑤} - 1}$

$= \dfrac{31250 - 2}{4}$

$= \dfrac{31248}{4}$

$= 7812$

> 점점 작아지는 등비수열의 합은 좌우를 반대로 돌린다!

② $1024 + 512 + 256 + \cdots + 4 + 2 + 1$

$= \triangle 1 + 2 + 4 + \cdots + 256 + 512 + \boxed{1024}$

$= \dfrac{\boxed{1024} \times \text{②} - \triangle 1}{\text{②} - 1}$

> 공비
> (2번째) ÷ (1번째) = 2 ÷ 1 = 2

$= \dfrac{2048 - 1}{1}$

$= 2047$

128

누워서 떡 먹기!

암산으로 25초 만에 풀었어요.

연필왕, 문제에서 도망치지 않고 정답에 도달했어요!

 슈퍼 그레이트 엑설런트!

등비수열에서 도피하면 노노노!

비법을 써서 우아하게 합을 구하자!

참고로 연습 문제 하나 더!

1024 + 512 + 256 + 128 + 64 + 32 + 16 + 8 + 4 + 2 + 1

이건 그대로 비법을 쓸 수도 있어. 그럴 때,

공비는 (2번째)÷(1번째)=512÷1024=0.5이니까 이렇게 돼.

$\dfrac{\text{마지막} \times \text{공비} - \text{처음}}{\text{공비} - 1}$ 은 $\dfrac{1 \times 0.5 - 1024}{0.5 - 1}$ 가 돼.

중학교에서 배우는 '음수(0보다 작은 수)' 지식이 있으면 이 계산을 할 수 있긴 하지.

하지만~

'점점 작아지는 등비수열의 합'은

그대로 비법을 쓰기보다는 순서를 바꿔서

'점점 커지는 등비수열의 합'으로 구하는 편이 훨씬 더 간단해!

수열의 합
분자/등차의 곱 편

\ 처음과 마지막과 분자와 분모의 차 /

난이도 ★★★★☆   천재도 ★★★★★   실용도 ★★☆☆☆

분자/등차의 곱의 합은 $\left[\dfrac{분자}{차} \times \left(\dfrac{1}{처음} - \dfrac{1}{마지막}\right)\right]$ 로 구해 보자.

차란 '분모에 있는 두 수의 차'를 말한다.

예제 $\dfrac{1}{1\times4} + \dfrac{1}{4\times7} + \dfrac{1}{7\times10} + \dfrac{1}{10\times13}$

$$\dfrac{\langle 1\rangle}{\triangle 1 \times 4} + \dfrac{\langle 1\rangle}{4\times7} + \dfrac{\langle 1\rangle}{7\times10} + \dfrac{\langle 1\rangle}{10\times\boxed{13}}$$

↓ $\dfrac{\langle 분자\rangle}{차} \times \left(\dfrac{1}{처음} - \dfrac{1}{마지막}\right)$

〔 차 〕 분모에 있는 두 수의 차 4-1=③

$$= \dfrac{\langle 1\rangle}{3} \times \left(\dfrac{1}{\triangle 1} - \dfrac{1}{\boxed{13}}\right)$$

$$= \dfrac{1}{3} \times \left(\dfrac{13}{13} - \dfrac{1}{13}\right)$$

$$= \dfrac{1}{\cancel{3}} \times \dfrac{\cancel{12}^{\,4}}{13} = \dfrac{4}{13}$$

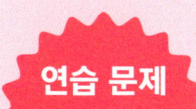

① $\dfrac{1}{1\times 2}+\dfrac{1}{2\times 3}+\dfrac{1}{3\times 4}+\dfrac{1}{4\times 5}$

② $\dfrac{2}{1\times 6}+\dfrac{2}{6\times 11}+\dfrac{2}{11\times 16}+\cdots +\dfrac{2}{91\times 96}$
$+\dfrac{2}{96\times 101}+\dfrac{2}{101\times 106}$

- 되는 대로 계산…포기
- 계산기를 쓰면…포기
- 계산 비법을 쓰면 20초

문제풀이

① $\dfrac{\langle 1 \rangle}{\triangle 1 \times 2} + \dfrac{\langle 1 \rangle}{2 \times 3} + \dfrac{\langle 1 \rangle}{3 \times 4} + \dfrac{\langle 1 \rangle}{4 \times \boxed{5}}$

↓ $\dfrac{\langle 분자 \rangle}{차} \times \left(\dfrac{1}{처음} - \dfrac{1}{마지막} \right)$ 　(차) 분모에 있는 두 수의 차 $2-1=\boxed{1}$

$= \dfrac{\langle 1 \rangle}{1} \times \left(\dfrac{1}{\triangle 1} - \dfrac{1}{\boxed{5}} \right)$

$= 1 \times \left(\dfrac{5}{5} - \dfrac{1}{5} \right)$

$= \dfrac{4}{5}$

② $\dfrac{\langle 2 \rangle}{\triangle 1 \times 6} + \dfrac{\langle 2 \rangle}{6 \times 11} + \dfrac{\langle 2 \rangle}{11 \times 16} + \cdots$

$\dfrac{\langle 2 \rangle}{91 \times 96} + \dfrac{\langle 2 \rangle}{96 \times 101} + \dfrac{\langle 2 \rangle}{101 \times \boxed{106}}$

↓ $\dfrac{\langle 분자 \rangle}{차} \times \left(\dfrac{1}{처음} - \dfrac{1}{마지막} \right)$ 　(차) 분모에 있는 두 수의 차 $6-1=\boxed{5}$

$= \dfrac{\langle 2 \rangle}{5} \times \left(\dfrac{1}{\triangle 1} - \dfrac{1}{\boxed{106}} \right)$

$= \dfrac{2}{5}^{1} \times \dfrac{105^{21}}{106_{53}}$

$= \dfrac{21}{53}$

누워서 떡 먹기!

암산으로 20초 만에 풀었어요.

이건 슈퍼 그레이트 빠르네요!

 바로 그거야!

이렇게 연필왕은 무사히 〈수열의 합〉을 구할 수 있게 되었답니다.

축하[합]니다, 축하[합]니다.

참고로 왜 $\frac{\langle 분자 \rangle}{차} \times \frac{1}{처음} - \frac{1}{마지막}$ 로 답을 구할 수 있는지는 이렇게 식을 변형하면 설명할 수 있어.

$$\frac{\langle 5 \rangle}{4 \times 7} + \frac{\langle 5 \rangle}{7 \times 10} + \frac{\langle 5 \rangle}{10 \times 13}$$

차: $7 - 4 = 3$

$$= \frac{5}{3} \times \frac{3}{4 \times 7} + \frac{5}{3} \times \frac{3}{7 \times 10} + \frac{5}{3} \times \frac{3}{10 \times 13}$$

$$= \frac{5}{3} \times \left(\frac{3}{4 \times 7} + \frac{3}{7 \times 10} + \frac{3}{10 \times 13} \right)$$

$$= \frac{5}{3} \times \left(\frac{1}{4} - \frac{1}{7} + \frac{1}{7} - \frac{1}{10} + \frac{1}{10} - \frac{1}{13} \right)$$

$$= \frac{\langle 5 \rangle}{3} \times \left(\frac{1}{4} - \frac{1}{13} \right)$$

0이 되니까 기분이 상쾌!

수열의 합
연속 2정수의 곱 편

\ 마지막 곱에 주목! /

난이도 ★★★☆ 천재도 ★★★★ 실용도 ★★☆☆☆

1에서 시작하는 2연속 정수의 곱의 합은 $\left[\dfrac{\text{마지막곱} \times \text{그다음수}}{3}\right]$ 로 구하자.

예제 $1 \times 2 + 2 \times 3 + 3 \times 4 + 4 \times 5$

⚠에서 시작한다!

$①\times 2 + 2\times 3 + 3\times 4 + \boxed{4\times 5}$

마지막 곱 × 〈그다음 수〉

그다음 수

$$= \dfrac{\boxed{4 \times ⑤} \times \langle 6 \rangle}{3}$$

$$= \dfrac{4 \times 5 \times 6^{\,2}}{\cancel{3}_{\,1}}$$

$$= 40$$

134

 연습 문제

① $1 \times 2 + 2 \times 3 + 3 \times 4 + \cdots + 100 \times 101$

② $3 \times 6 + 6 \times 9 + 9 \times 12 + \cdots + 27 \times 30$

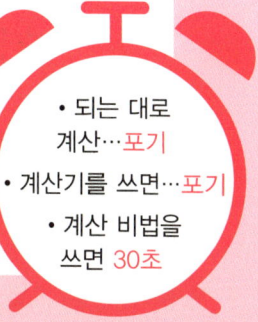
- 되는 대로 계산…포기
- 계산기를 쓰면…포기
- 계산 비법을 쓰면 30초

① △에서 시작한다!

$$\triangle \times 2 + 2 \times 3 + 3 \times 4 + \cdots + \boxed{100 \times 101}$$

↓ 마지막 곱 × ⟨그다음 수⟩

$$= \frac{\boxed{100 \times 101} \times \langle 102 \rangle^{\overset{34}{}}}{3}$$

$$= \frac{100 \times 101 \times \cancel{102}^{34}}{\cancel{3}}$$

$$= 100 \times 101 \times 34$$

$$= 343400$$

$$\begin{array}{r} 101 \\ \times\ 34 \\ \hline 3434 \end{array}$$

② △에서 시작하는 식을 만들기!

$$\underline{3 \times 6} + \underline{6 \times 9} + \underline{9 \times 12} + \cdots + \underline{27 \times 30}$$

1×2의 9배 2×3의 9배 3×4의 9배 … 9×10의 9배

$$= (\triangle \times 2 + 2 \times 3 + 3 \times 4 + \cdots + \boxed{9 \times 10}) \times \underline{9}$$

↓ 마지막 곱 × ⟨그다음 수⟩ / 3

$$= \frac{\boxed{9 \times 10} \times \langle 11 \rangle}{\cancel{3}} \times \cancel{9}^{3}$$

$$= 9 \times 10 \times 11 \times 3$$

$$= 2970$$

136

🧑 누워서 떡 먹기!

암산으로 30초 만에 풀었어요.

연필왕, 성장이 눈부신데요!

🧑 슈퍼 그레이트 엑설런트!

이제 연필왕은 〈수열의 합〉 마스터네.

🧑 하~~~~압!

🧑 참고로 왜 $\dfrac{\boxed{마지막\ 곱} \times \langle 그다음\ 수 \rangle}{3}$ 로 답을 구할 수 있는지는 이렇게 식을 변형하면 설명할 수 있어.

$$1 \times 2 + 2 \times 3 + \boxed{3 \times 4}$$
$$= 4 \times 3 + 3 \times 2 + 2 \times 1$$
$$= 4 \times 3 \times \dfrac{5-2}{3} + 3 \times 2 \times \dfrac{4-1}{3} + 2 \times 1 \times \dfrac{3-0}{3}$$
$$= \dfrac{4 \times 3 \times (5-2) + 3 \times 2 \times (4-1) + 2 \times 1(3-0)}{3}$$
$$= \dfrac{5 \times 4 \times 3 - 4 \times 3 \times 2 + 4 \times 3 \times 2 - 3 \times 2 \times 1 + 3 \times 2 \times 1 - 2 \times 1 \times 0}{3}$$
$$= \dfrac{5 \times 4 \times 3}{3} = \dfrac{\boxed{3 \times 4 \times \langle 5 \rangle}}{3}$$

0이 되니까 기분이 상쾌!

우아해의 우아한 설명

수열도
넓이로 설명할 수 있어!

 등차수열의 합은 넓이로 생각하면 우아하답니다!

 무슨 말이야?

 예를 들어 1 + 2 + 3 + 4 + 5 + 6 + 7 + 8 + 9 + 10은

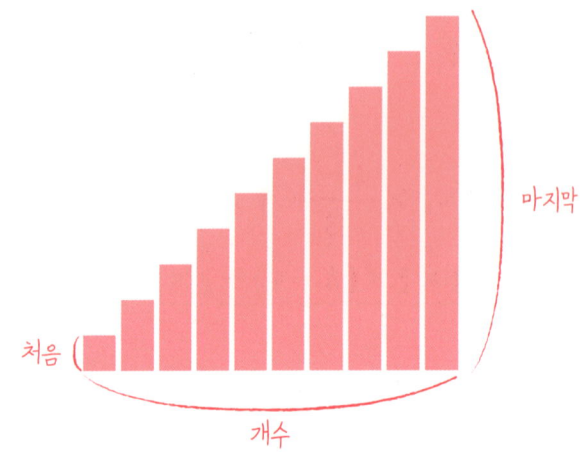

이 계단의 넓이라고 생각할 수 있어!

그리고 이 계단과
위아래를 뒤집은 계단을 더하면…….

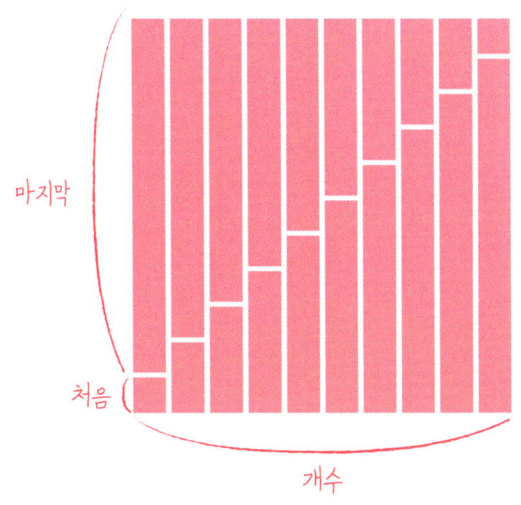

 직사각형이 됐네!

 세로가 '처음+마지막'

가로가 '개수'

직사각형의 넓이가 '(처음+마지막)×개수'

계단의 넓이=직사각형 넓이의 '절반'이니까……

 (처음 + 마지막) × $\dfrac{개수}{2}$ 가 완성됐다~!

 우아하네요~!

알렉스의 계산기 짤막 상식

수열을 단숨에 계산하는
슈퍼 계산기가 있다고!

🧒 다들 이 수열을 계산기로 계산할 수 있으려나?

1 + 2 + 3 + ··· + 10000

스마트폰 계산기나 일반 계산기로 풀면
10시간 정도는 걸릴걸!
꼭 한번 도전해 봐!

🧒 그걸 누가 해~!

🧒 하지만 사실은 1+2+3+···+10000을 단숨
에 계산해 주는 슈퍼 계산기가 있어!
그 이름도 '울프럼 알파
(www.wolframalpha.com)'.

🧒 와~ 이름부터 멋있다!

🧒 이 울프럼 알파에 '1+2+3+···+10000'을 입
력하고 '입력을 계산한다'를 클릭하면······.
단숨에 계산해서 정답 50005000이 나와!

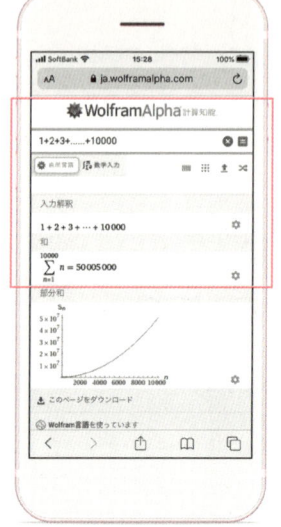

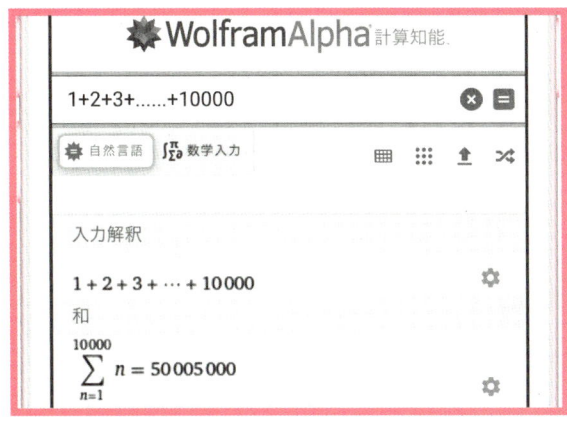

수열은 '.(마침표, period)'를 2개 이상 입력해서 나타낸다. 'Σ(시그마)' 부분에 나와 있는 '50005000'이 이 수열의 정답. 그 밖에도 다양한 기능이 있으니 시험해 보자.

 우와! 진짜 굉장하다! 근데 비싸지?

 가격은 바로바로…… 공짜야!

 이럴 수가~!

 '울프럼 알파'에 감동받아 마음이 울렁울렁!

계산 비법 6 — 가평균

 연필왕은 다음 문제를 몇 초 만에 풀 수 있을까?

준비, 시작!

[문제] 아래 다섯 사람의 평균 키를 구하시오.

  A 173cm B 168cm

  C 176cm D 166cm

  E 171cm

 어디 보자, 5명의 키를 더한 다음 5로 나누면 되니까,

 (173 + 168 + 176 + 166 + 171) ÷ 5

= 854 ÷ 5

= 170.8

정답은 170.8cm예요.

좋아! 40초 만에 풀었어요!

 노노노!

비법을 사용하면 15초 만에 풀 수 있어.

 뭐라고요!?

 그 방법 궁금하지 않아?

 궁금해요!

그럼 소개할게.

이번 계산 비법은 이거야! 이름하여 〈가평균〉.

합계나 평균을 구할 때 아주 유용한 비법이지.

〈가평균〉 사용법

 먼저 〈가평균〉에 대해 설명할게.

연필왕은 173cm, 168cm, 176cm, 166cm, 171cm의 평균이 대충 어느 정도라고 생각해?

 음, 170cm 정도 아닐까요?

 엑설런트!

그 '대충 이 정도~라고 생각한 값'을 〈가평균〉이라고 해.

 네? 그렇게 대충 정해도 돼요?

 응! 어차피 임시니까 대충 정해도 돼.

하지만 이 〈가평균〉을 이용하면 합계나 평균을 아주 간단히 구할 수 있어.

예를 들면 5명의 키의 합계를 평범한 방법으로 구한다면?

    173 + 168 + 176 + 166 + 171

이걸 필산으로 열심히 써서 계산하게 되지.

그런데 〈가평균〉을 이용하면

173 + 168 + 176 + 166 + 171

= (170 + 3) + (170 − 2) + (170 + 6) + (170 − 4)

 + (170 + 1)

= 170 × 5 + (3 − 2 + 6 − 4 + 1)

[가평균×사람 수 + 차이 나는 값의 합계]로 합계를 구할 수 있다는 사실을 알려나?

 그렇군요. 이거면 암산으로 계산할 수 있죠.

850 + 4 = 854예요.

 엑설런트!

[합계=가평균×사람 수+차이 나는 값의 합계]를 기억해 두자고.

그럼 이번에는 〈가평균〉을 이용해서 평균 키를 구해 보자.

5명의 키의 합계는 계산 비법을 쓰면

170 × 5 + (3 − 2 + 6 − 4 + 1)

그리고 평균 키=총 키÷사람 수니까

평균 = 170 + (3 − 2 + 6 − 4 + 1) ÷ 5

그러니까 [평균=가평균+차이 나는 값의 합계÷사람 수]가 돼.

 그렇군요. 이건 암산으로 계산할 수 있겠네요.

  170 + (3 − 2 + 6 − 4 + 1) ÷ 5

= 170 + 4 ÷ 5

= 170 + 0.8

= 170.8

평균 키는 170.8cm예요.

 엑설런트!

〈가평균〉을 쓰면 평균 문제는 이제 문제없어.

연필왕의 질문

 가평균은 아무 값이나 설정해도 돼요?

 아주 좋은 질문이야!

연필왕은 어떻게 생각해?

 음~ 아무 값으로 정해도 괜찮을 것 같은데…….

 맞아!

결론부터 말하자면,

'아무 값이나 정해도 좋지만 조심'해야 돼!

 조심해야 된다고요?

 예를 들어 다음 문제를 생각해 보자!

'173cm, 168cm, 176cm, 166cm, 171cm인 5명의 평균 키를 구하시오.'

정답은 170.8cm였지.

한번 임시로 100cm를

〈가평균〉으로 잡고 풀어 보자!

[평균 = 가평균 + 차이 나는 값의 합계 ÷ 사람 수]니까

$$100 + (73 + 68 + 76 + 66 + 71) \div 5$$
$$= 100 + 354 \div 5$$
$$= 100 + 70.8$$
$$= 170.8$$

 답이 똑같아졌네요!

그런데 계산이 엄청 어려워요!

 그래!

〈가평균〉은 아무 값이나 설정해도 좋지만, 가평균의 값에 따라서는

계산이 힘들어지는 경우가 있으니까 조심해야겠지!

계산이 편해지도록

가평균을 정하는 게 포인트야.

키가 173cm, 168cm, 176cm, 166cm, 171cm인 5명의 평균 키를 구할 경우에는

추천 방법이 3가지 있어!

① 전체 수에서 가장 작은 값을 〈가평균〉으로 삼는다

제일 작은 166cm를 가평균으로 삼으면

$$166 + (7 + 2 + 10 + 0 + 5) \div 5$$
$$= 166 + 24 \div 5$$
$$= 166 + 4.8$$
$$= 170.8$$

② 전체 수 중에서 중간에 오는 값을 〈가평균〉으로 삼는다

중간에 오는 171cm를 가평균으로 삼으면

$$171 + (2 - 3 + 5 - 5 + 0) \div 5$$
$$= 171 + (-1) \div 5$$
$$= 171 - 0.2$$
$$= 170.8$$

차이 나는 값의 합계가 마이너스(-)가 됐을 때는

뺄셈이 돼.

③ 전체 수 가운데 중간쯤에 오는 수를 딱 떨어지게 해서 〈가평균〉으로 삼는다

중간쯤에 오는 수를 딱 떨어지게 170cm로 해서 가평균으로 삼으면

$$170 + (3 - 2 + 6 - 4 + 1) \div 5$$
$$= 170 + 4 \div 5$$
$$= 170 + 0.8$$
$$= 170.8$$

 전부 다 값이 같네요!

게다가 계산도 편해요!

〈가평균〉 최고다!

 좋아!

그럼 〈가평균〉을 사용해서 합계나 평균 문제를

쭉 한번 풀어 볼까!

가평균
합계 편

\ 가평균과 차이 나는 값에 주목 /

난이도 ★★★☆☆ 천재도 ★★★☆☆ 실용도 ★★★★☆

[합계=가평균×사람 수+차이 나는 값의 합계]로 합계를 구하자.

예제 아래 5명의 키의 합계를 구하시오.

A 173cm   B 168cm
C 176cm   D 166cm
E 171cm

가평균 = 170 으로 삼으면……

합계 = 가평균 × 사람 수 + 차이 나는 값의 합계
　　 = 170 × 5 + (3 − 2 + 6 − 4 + 1)
　　 = 850 + 4
　　 = 854

정답　854cm

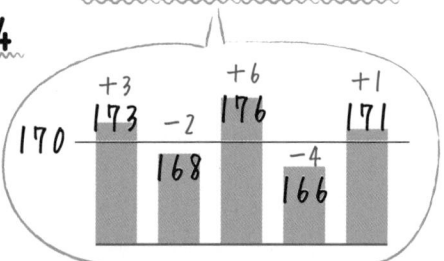

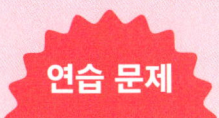

① 아래 5명의 키의 합계를 구하시오.

　　A 174cm

　　B 181cm

　　C 170cm

　　D 176cm

　　E 180cm

② 4명의 학생이 수학 시험을 봤다. 점수는 각각 아래와 같았다. 총 점수를 구하시오.

　　A 78점

　　B 88점

　　C 85점

　　D 77점

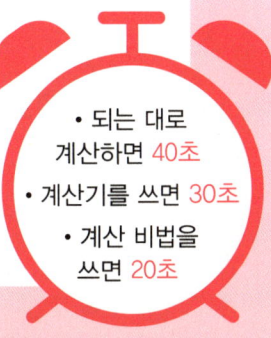

- 되는 대로 계산하면 40초
- 계산기를 쓰면 30초
- 계산 비법을 쓰면 20초

① 가평균 = 170 이라고 하면…

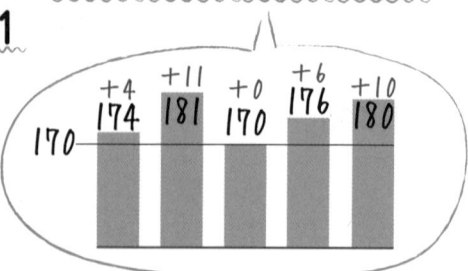

합계 = 가평균 × 사람 수 + 차이 나는 값의 합계

$= 170 × 5 + (4 + 11 + 0 + 6 + 10)$
$= 850 + 31$
$= 881$

정답   881cm

② 가평균 = 80 이라고 하면…

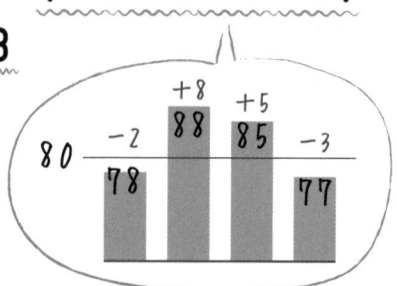

합계 = 가평균 × 사람 수 + 차이 나는 값의 합계

$= 80 × 4 + (-2 + 8 + 5 - 3)$
$= 320 + 8$
$= 328$

정답   328점

🧑 누워서 떡 먹기!
암산으로 20초 만에 풀었어요.
연필왕이 나가신다!

🧑 슈퍼 그레이트 엑설런트!

🧑 〈가평균〉을 사용하면
이런 문제쯤은 가뿐가뿐~!

🧑 잘 들어, 연필왕.
〈가평균〉을 사용할 때는
〈가평균〉의 값을 어떻게 하느냐에 따라 실력이 드러나.
〈가평균〉의 값에 따라
그 후 계산의 난이도가 갈리기 때문이지.
그리고 〈가평균〉의 위력은 이 정도가 아니야.
〈가평균〉은 평균을 구하는 문제에서
진정한 힘을 발휘하거든.
이 기세를 몰아 평균 문제도 도전해 보자.

실전 22

가평균
평균 편

\ 평균은 암산으로 구할 수 있다 /

난이도 ★★★★☆ 천재도 ★★★★☆ 실용도 ★★★★★

[평균 = 가평균 + 차이 나는 값의 합계 ÷ 사람 수]로 평균을 구하자.

예제 아래 다섯 사람의 평균 키를 구하시오.

A 173cm   B 168cm
C 176cm   D 166cm
E 171cm

가평균 = 170 으로 삼으면……

평균 = 가평균 + 차이 나는 값의 합계 ÷ 사람 수
= 170 + (3 − 2 + 6 − 4 + 1) ÷ 5
= 170 + 4 ÷ 5
= 170 + 0.8
= 170.8   정답 170.8cm

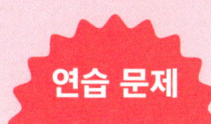

① 아래 다섯 사람의 평균 키를 구하시오.

    A 174cm

    B 181cm

    C 170cm

    D 176cm

    E 180cm

② 4명의 학생이 수학 시험을 봤다. 점수는 각각 아래와 같았다. 4명의 평균 점수를 구하시오.

    A 78점

    B 88점

    C 85점

    D 77점

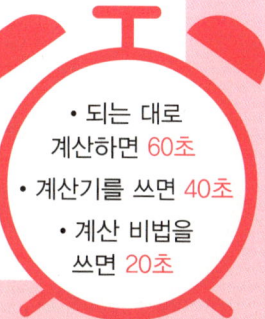

- 되는 대로 계산하면 60초
- 계산기를 쓰면 40초
- 계산 비법을 쓰면 20초

문제풀이

① 가평균 = 170 이라고 하면…

A	174cm	B	181cm
C	170cm	D	176cm
E	180cm		

평균 = 가평균 + 차이 나는 값의 합계 ÷ 사람 수

= 170 × (4 + 11 + 0 + 6 + 10) ÷ 5

= 170 + 31 ÷ 5

= 170 + 6.2

= 176.2   정답   **176.2cm**

② 가평균 = 80 이라고 하면…

A	78 점
B	88 점
C	85 점
D	77 점

평균 = 가평균 + 차이 나는 값의 합계 ÷ 사람 수

= 80 + (−2 + 8 + 5 − 3) ÷ 4

= 80 + 8 ÷ 4

= 80 + 2

= 82   정답   **82점**

누워서 떡 먹기!
암산으로 20초 만에 풀었어요.
연필왕, 성장이 빠릅니다!

 슈퍼 그레이트 엑설런트!
이 정도로 〈가평균〉을 쓸 줄 알면
가히 진정한 실력자라고 할 수 있겠네!
이 기세를 몰아 평균의 심화 문제에도
도전해 보자!

 나는 평균왕이 될 거야!

가평균
평균의 심화 문제 편

\ 여기서도 가평균의 독무대 /

난이도 ★★★★★   천재도 ★★★★★   실용도 ★★★★☆

[평균=가평균+차이 나는 값의 합계÷사람 수]로 평균을 구하자.

예제 학생 40명이 수학 시험을 봤다. 상위 12명의 평균점은 89점, 나머지 28명의 평균점은 64점이었다. 40명 전체의 평균점을 구하시오.

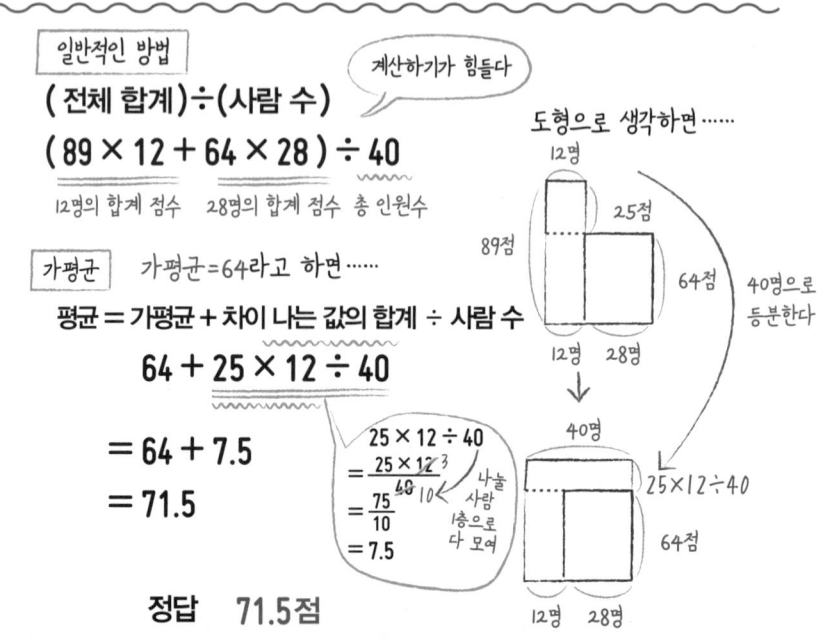

일반적인 방법
(전체 합계)÷(사람 수)
(89 × 12 + 64 × 28) ÷ 40
　12명의 합계 점수　28명의 합계 점수　총 인원수

가평균=64라고 하면……
평균 = 가평균 + 차이 나는 값의 합계 ÷ 사람 수
64 + 25 × 12 ÷ 40

= 64 + 7.5
= 71.5

계산하기가 힘들다

$25 \times 12 \div 40$
$= \dfrac{25 \times 12}{40}$
$= \dfrac{75}{10}$
$= 7.5$

나눌 사람 1층으로 다 모여

도형으로 생각하면……
12명, 25점, 89점, 64점, 28명
40명으로 등분한다
40명, 25×12÷40, 64점, 12명, 28명

정답　71.5점

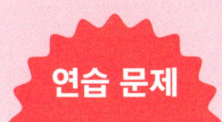

① 학생 30명이 수학 시험을 봤다.
상위 9명의 평균점은 87점, 나머지 21명의 평균점은 67점이었다. 30명 전체의 평균점을 구하시오.

② 학생 39명이 수학 시험을 봤다.
하위 13명의 평균점은 57점, 나머지 26명의 평균점은 81점이었다. 39명 전체의 평균점을 구하시오.

- 되는 대로 계산하면 80초
- 계산기를 쓰면 60초
- 계산 비법을 쓰면 30초

① 가평균 = 67 이라고 하면…

상위 9명의 평균점 87점
나머지 21명의 평균점 67점

평균 = 가평균 + 차이 나는 값의 합계 ÷ 사람 수

$67 + 20 \times 9 \div 30$
$= 67 + 6$
$= 73$

$20 \times 9 \div 30$
$= \dfrac{20 \times 9}{30} $
$= 6$

나눌 사람 1층으로 다 모여

정답   73점

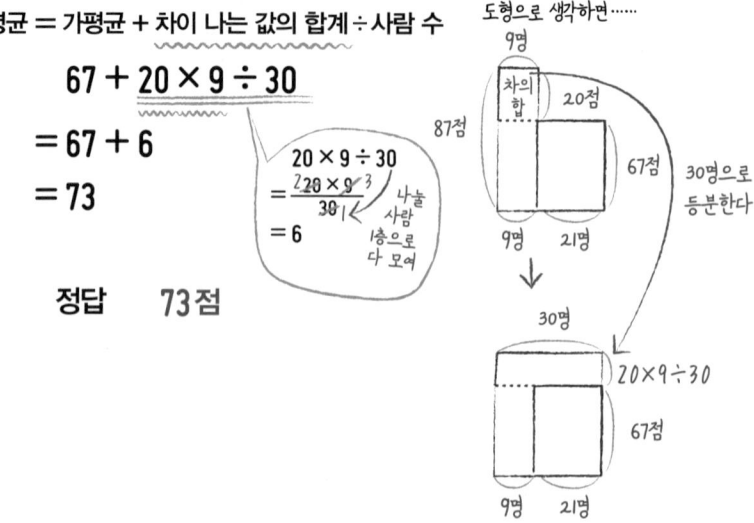

② 가평균 = 57 이라고 하면…

하위 13명의 평균점 57점
나머지 26명의 평균점 81점

평균 = 가평균 + 차이 나는 값의 합계 ÷ 사람 수

$57 + 24 \times 26 \div 39$
$= 57 + 16$
$= 73$

$24 \times 26 \div 39$
$= \dfrac{24 \times 26}{39}$
$= 16$

나눌 사람 1층으로 다 모여

정답   73점

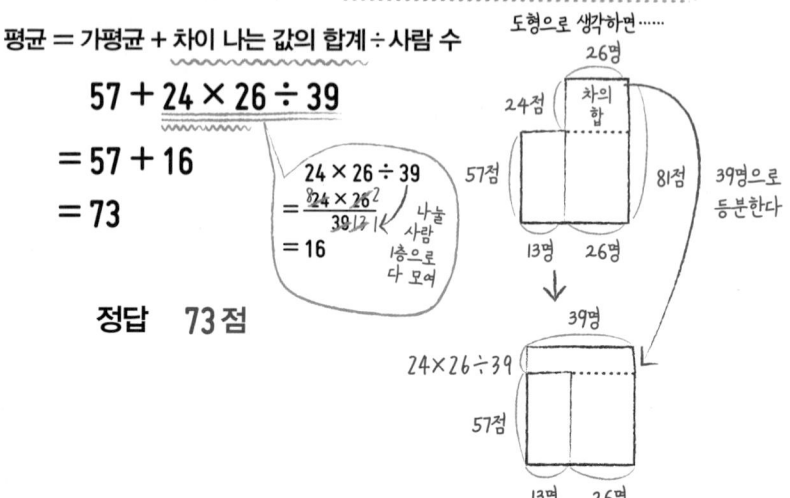

누워서 떡 먹기! 암산으로 30초 만에 풀었어요. 나는 평균왕이다~!

 슈퍼 그레이트 엑설런트!
참고로 가평균은 이런 문제에서도 대활약하지.

[문제]

학생 30명이 수학 시험을 봤다. 학생 전원의 평균점은 73점, 상위 9명의 평균점은 87점이었다. 나머지 21명의 평균점을 구하시오.

[평균=가평균+차이 나는 값의 합계÷사람 수]를 아래와 같은 순서로 생각해서 응용해 보자.

① '가평균'을 '전원의 평균'과 같은 값으로 놓으면, '차이 나는 값의 합계'는 '상위 9명의 차이 나는 값의 합계'가 된다.
② '나머지 21명의 평균점'을 구하고 싶으니 '사람 수'는 '21명'이 된다.
③ '나머지 21명의 평균점'은 상위가 없어지니 '전체의 평균점'보다 낮아진다. 즉 덧셈이 아니라 뺄셈이 된다.

여기까지 포인트를 잘 밟으면 다음과 같이 응용할 수 있어.

나머지 21명의 평균=전원의 평균−상위 9명의 차이 나는 값의 합계÷21명

$$73 - 14 \times 9 \div 21$$
$$= 73 - 6$$
$$= 67$$

정답 **67점**

우아해의 우아한 설명

〈가평균〉을
막대그래프로 설명해 볼게~!

'합계=가평균×사람 수+차이 나는 값의 합계'와 '평균=가평균+차이 나는 값의 합계÷사람 수'를 막대그래프로 우아하게 설명해 볼게~!

[문제] 아래 다섯 사람의 키의 합계와 평균을 각각 구하시오.

    A 173cm   B 168cm

    C 176cm   D 166cm

    E 171cm

먼저 키의 합계를 구해볼게~!

가평균 = 166이라고 하면……

합계 = 가평균 × 사람 수 + 차이 나는 값의 합계

    166 × 5 + (7 + 2 + 10 + 0 + 5)

  = 830 + 24

  = 854

정답 854cm

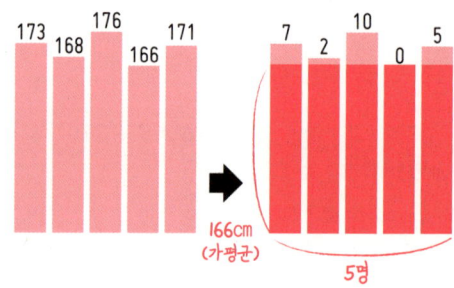

그림으로 나타내면 이런 식이야!

그렇구나!

'가평균'에서 튀어나온 부분이 '차이 나는 값의 합계'구나!

확실히 '합계=가평균×사람 수+차이 나는 값의 합계'가 맞네!

 어때? 우아하지~? 이번에는 평균 키를 구해 볼게~!

가평균 = 166이라고 하면……

평균 = 가평균 + 차이 나는 값의 합계÷사람 수

  166 + (7 + 2 + 10 + 0 + 5) ÷ 5

= 166 + 24 ÷ 5

= 166 + 4.8

= 170.8   정답 170.8cm

이걸 그림으로 나타내면…

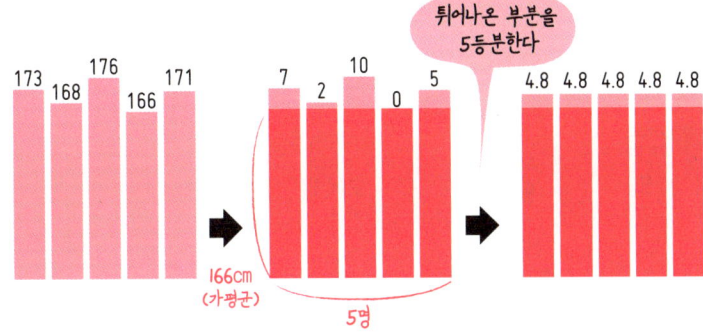

 그렇구나!

'가평균'에서 튀어나온 부분이 '차이 나는 값의 합계'이고, 그걸 5등분 해서 '가평균' 위에 얹은 것이 '평균 키'가 되는구나!

확실히 [평균=가평균+차이 나는 값의 합계÷사람 수]가 맞네!

 정말 우아하네~!

계산 비법 7

2자리×2자리

 연필왕은 79×68을 어떻게 계산할 거야?

 어디 보자, 필산으로 하니까 이렇게 되네요.

```
    79
  × 68
  ────
   632
  474
  ────
  5372
```

 응.

물론 그 방법도 괜찮지만, 예를 들어 이런 건 어떨까?

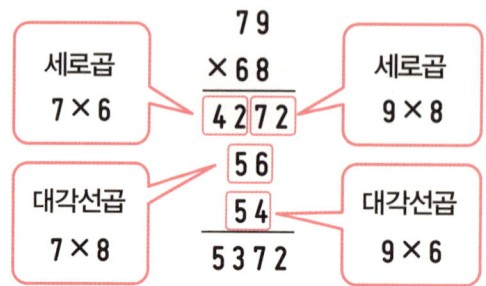

 답이 같네요!

 도형으로 나타내면 이런 식이야.

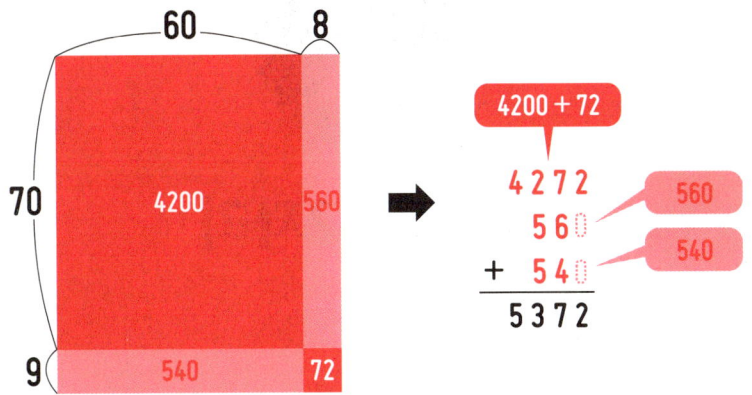

 이해가 쏙쏙 되는데요!

 〈2자리×2자리〉 곱셈은 [세로]→[세로]→[대각선]→[대각선]을 했을 때 계산 실수가 확 줄어들어.

 우와~

 게다가 특수한 〈2자리×2자리〉에서 쓸 수 있는 초스피드 비법도 아주 많아.

 초스피드 비법!? 궁금해요~!

 좋아. 그럼 이번에는 〈2자리×2자리〉 비법을 쭉 소개해 볼게.

2자리×2자리
둘둘이 편

\ 같은 숫자가 둘씩 나올 때 쓸 수 있다 /

난이도 ★★★☆☆ 천재도 ★★★☆☆ 실용도 ★★★★☆

아래 예제처럼 세로로 둘둘이(세로 숫자 둘이 같은 수인 식)나 가로로 둘둘이(가로 숫자 둘이 같은 수인 식)일 때는 [세로곱]→[세로곱]→[대각선곱×2]로 구하자.

예제

```
  47        44
× 47      × 77
```

```
    4 7              4 4
  × 4 7            × 7 7
세로곱 1 6 4 9 세로곱   세로곱 2 8 2 8 세로곱
 4×4         7×7     4×7         4×7
       5 6  대각선곱×2     5 6  대각선곱×2
             4×7×2              4×7×2
   2 2 0 9          3 3 8 8
```

164

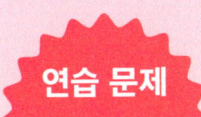

연습 문제

① 86
　×86
　―――

② 33
　×44
　―――

③ 73
　×73
　―――

④ 88
　×88
　―――

- 되는 대로 계산하면 **40초**
- 계산기를 쓰면 **30초**
- 계산 비법을 쓰면 **25초**

문제풀이

①
```
    8 6
  × 8 6
```
세로곱 8×8 : 64 | 36 세로곱 6×6
대각선곱×2 : 96 6×8×2
  7 3 9 6

도형으로 나타내면……

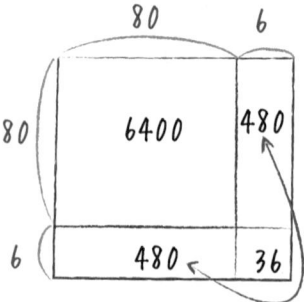

같으니까 480×2=960

②
```
    3 3
  × 4 4
```
세로곱 3×4 : 12 | 12 세로곱 3×4
대각선곱×2 : 24 3×4×2
  1 4 5 2

도형으로 나타내면……

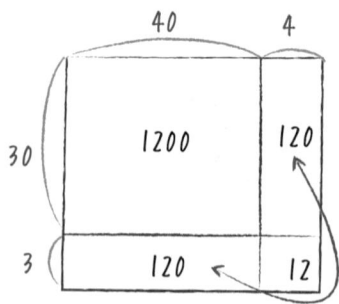

같으니까 120×2=240

③
```
    7 3
  × 7 3
```
세로곱 7×7 : 49 | 09 세로곱 3×3
대각선곱×2 : 42 3×7×2
  5 3 2 9

도형으로 나타내면……

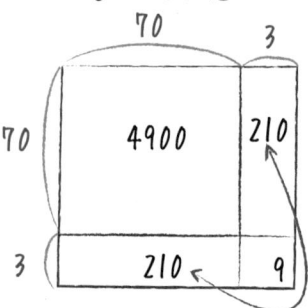

같으니까 210×2=420

④
```
    8 8
  × 8 8
  ─────
세로곱 ┌─────┐ 세로곱
8×8  │6 4 6 4│ 8×8
     └─────┘
     ┌───┐  대각선곱×2
     │1 2 8│  8×8×2
     └───┘
   7 7 4 4
```

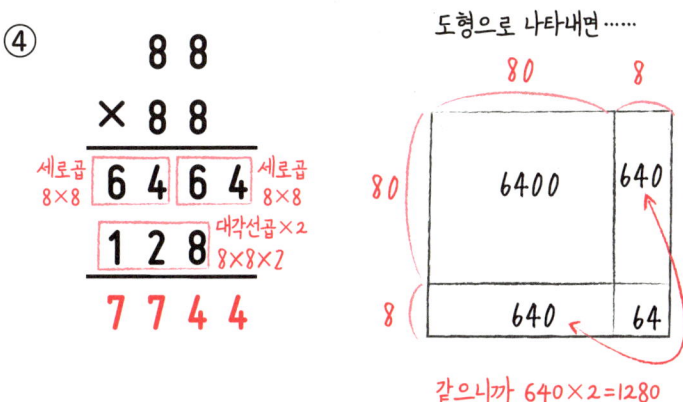

도형으로 나타내면……

같으니까 640×2=1280

🧒 누워서 떡 먹기!

암산으로 25초 만에 풀었어요.

연필왕, 날아다니네요!

🧑‍🦰 슈퍼 그레이트 엑설런트!

이 기술로 연필왕도 스타 대열에 합류하겠다.

팬이 줄줄이 따라올 테니까.

🧒 줄줄이 경사 났네~~!

167

2자리×2자리
십의 자리가 1 편

\ 왼쪽에 1이 나란히 있으면 쓸 수 있다 /

난이도 ★★★★☆   천재도 ★★★★☆   실용도 ★★★★☆

아래와 같이 십의 자리가 1인 경우는 [좌우+우]→[우×우]로 구하자.

예제
```
  18
× 19
```

A [2자리 + 1자리] → B [일의 자리 × 일의 자리]

```
     1 8
   × 1 9
좌우+우  2 7
18+9
         7 2    우×우
                8×9
     3 4 2
```

도형으로 나타내면……

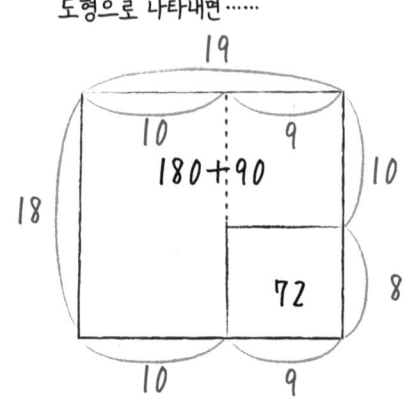

연습 문제

①   16
      ×18
     ―――

②   14
      ×19
     ―――

③   12
      ×13
     ―――

④   17
      ×17
     ―――

- 되는 대로 계산하면 30초
- 계산기를 쓰면 20초
- 계산 비법을 쓰면 15초

문제풀이

①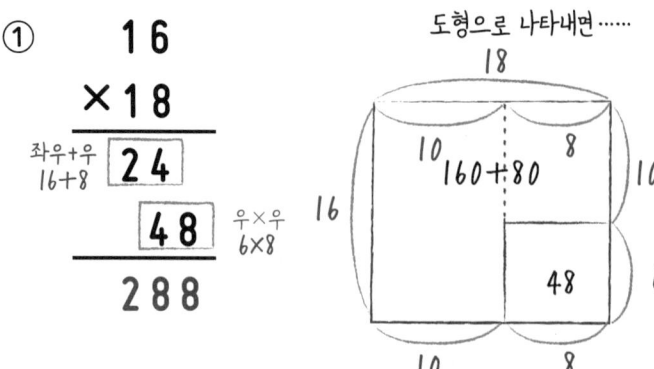

②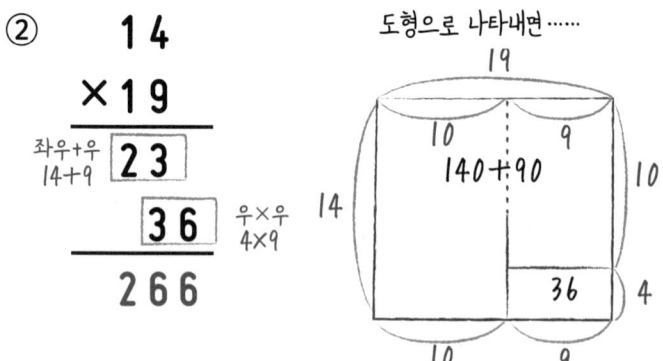

③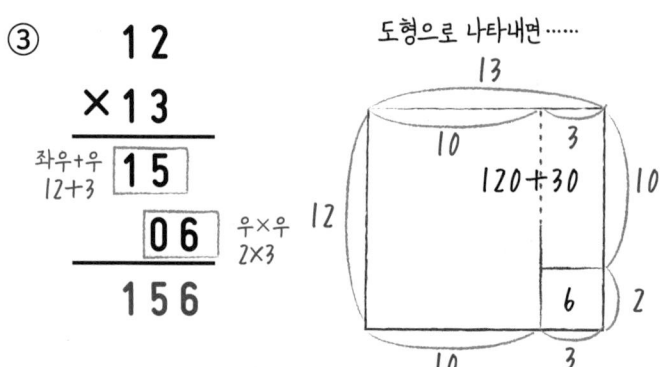

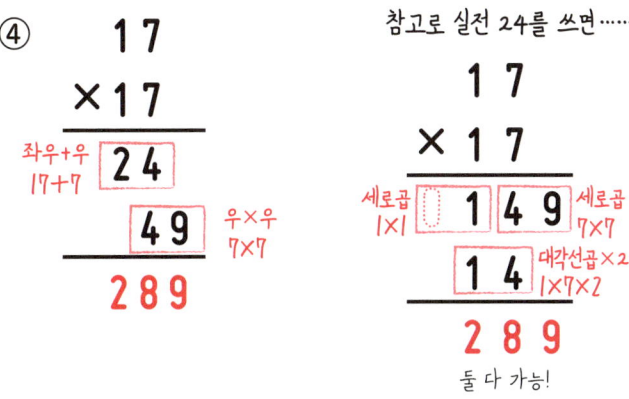

🧑 누워서 떡 먹기!

암산으로 15초 만에 풀었어요.

연필왕, 성장이 눈부신데요!

🧑 슈퍼 그레이트 엑설런트!

이 기세를 몰아 확실한 실력을 더해서

계산의 달인으로 치고 올라가길!

2자리×2자리
둘이 합 10 편

합이 10인 걸 놓치지 마

난이도 ★★★★☆ 천재도 ★★★★★ 실용도 ★★★★☆

아래 예제처럼
- 세로가 같은 수 & 세로 합이 10
- 가로가 같은 수 & 가로 합이 10

이런 경우는 [세로곱 + 같은 수] → [세로곱]으로 구하자.

예제

```
   68        86        66
 × 62      × 26      × 82
```

```
   ⑥ 8         8 ⑥         ⑥ ⑥
 × ⑥ 2       × 2 ⑥       × 8 2
  ┌──┬──┐    ┌──┬──┐    ┌──┬──┐
  │42│16│    │22│36│    │54│12│
  └──┴──┘    └──┴──┘    └──┴──┘
 세로곱+같은수 세로곱  세로곱+같은수 세로곱  세로곱+같은수 세로곱
  6×6+⑥  8×2   8×2+⑥  6×6    6×8+⑥  6×2
```

연습 문제

① 76
   ×74
   ―――

② 34
   ×74
   ―――

③ 82
   ×33
   ―――

④ 55
   ×55
   ―――

- 되는 대로 계산하면 **30초**
- 계산기를 쓰면 **20초**
- 계산 비법을 쓰면 **10초**

문제풀이

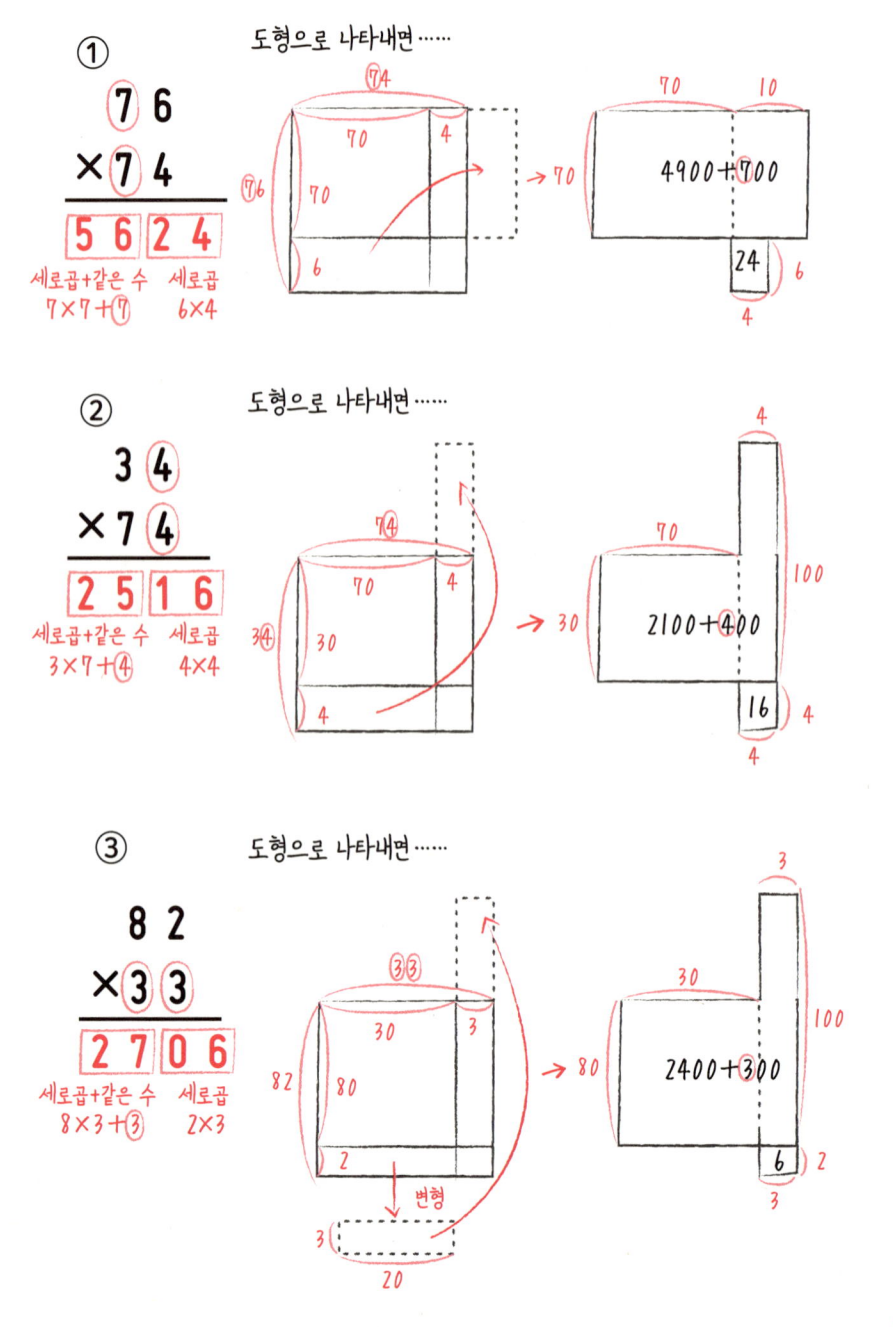

④
$$\begin{array}{r} 5\,5 \\ \times\; 5\,5 \\ \hline 3\,0\,2\,5 \end{array}$$

세로곱+같은 수 　세로곱
5×5+⑤　　　　5×5

참고로 실전 24의 비법을 쓰면……

$$\begin{array}{r} 5\,5 \\ \times\; 5\,5 \\ \hline 2\,5\,2\,5 \\ 5\,0 \\ \hline 3\,0\,2\,5 \end{array}$$

세로곱 5×5　　세로곱 5×5
대각선곱×2
5×5×2

둘 다 가능!

🧑 누워서 떡 먹기!
　　암산으로 10초 만에 풀었어요.
　　이 기술은 엄청 빨라요!

🧑 슈퍼 그레이트 엑설런트!

🧑 저는 진정한 실력자입니다.

🧑 그러게 진짜 깜짝 놀랄 만한 발전이야.

계산 비법

8 신의 속도 비법

🧒 2자리×2자리의 초속 비법 대단했어요~
2자리×2자리 말고도 초속 비법이 있나요?

👨 후후후…… 사실은 말이지, 아주 많단다.
그것도 초속을 넘어서 〈신의 속도 비법〉이 말이야.

🧒 〈신의 속도 비법〉!?

👨 그래!
〈신의 속도 비법〉을 쓰면 필산의 달인은 말할 것도 없고
주판의 달인이나 계산기를 쓰는 사람,
거기다 컴퓨터와 계산 대결을 해서 이긴
그 천재 노이만보다도
더 빨리, 정확하게 답을 구할 수 있어!

🧒 그게 진짜 가능하면 너무 대단한데요!
그런데…… 살짝 의심스러운데요!

👨 후후후…….
그럼 예를 들어 연필왕은 103×97을 어떻게 계산할래?

🧒 어디 보자, 필산으로 할 거니까…….

```
   103
×   97
   721
  927
  9991
```

좋았어!

10초 만에 풀었어요.

 노노노~!

〈신의 속도 비법〉을 쓰면 암산으로 5초 만에 풀 수 있어!

 뭐라고요~!?

 그럼 57×57-43×43은 어떻게 계산할래?

 그러니까, 57×57이랑 43×43은

'둘둘이' 비법을 쓸 수 있으니까…….

```
   57            43                3249
×  57         ×  43              - 1849
  2549          1609              1400
    70            24
  3249          1849
```

좋았어! 1400이에요.

15초 만에 풀었어요!

노노노~!

〈신의 속도 비법〉을 쓰면 암산으로 4초 만에 풀 수 있어!

뭐라고요~!?

그럼 그럼. 9996×9997은 어떻게 계산할래?

4자리×4자리요!?

이건 필산으로 하고 싶지 않다.

좋아, 그럼 계산기를 써서…….

노노노오~~~!

알렉스한테 이기고 싶지 않은 거야?

〈신의 속도 비법〉을 쓰면 암산으로 3초 만에 풀 수 있어!

뭐라고요~~~!?

그럼 그럼 그럼. 39÷1.625는 어떻게 계산할래?

소수의 나눗셈!?

설마 여기도?

〈신의 속도 비법〉이 있지!

만세~~~!

〈신의 속도 비법〉

궁금해요, 궁금해 죽겠어!

🧑 좋~아!
그럼 이번에는 마지막 계산 비법인 〈신의 속도 비법〉을 쭉쭉 소개해 볼게!

🧑 앗싸~~!
너무 좋아요~~!

🧑 먼저 말해 두지만,
〈신의 속도 비법〉은 누구에게나 가르쳐 줄 수 있는 비법이 아니야!
지금까지 부지런히 이 교실에 다녀서
계산 비법을 차곡차곡 갈고 닦아 온
연필왕이니까 가르쳐 주는 거야!

🧑 다카타 선생님…….

🧑 〈신의 속도 비법〉을 배우는 기쁨을 '신속히' 맛보도록!

🧑 그 말장난, 오마이갓!

신의 속도 비법
999△×999◇ 편

\ 같은 자릿수×같은 자릿수에 쓸 수 있다 /

난이도 ★★★☆ 천재도 ★★★★★ 실용도 ★★★★☆

[9△×9◇] [99△×99◇] [999△×999◇]는 [상대가 필요한 수를 빼기 & 필요한 수끼리 곱하기]로 구하자.

예제 9996 × 9997

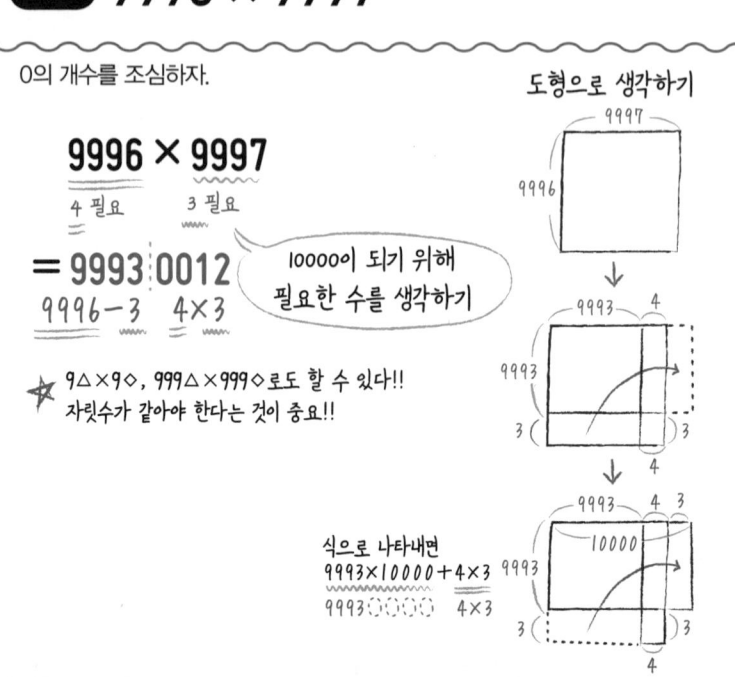

0의 개수를 조심하자.

9996 × 9997
 4 필요 3 필요
= 9993|0012
  9996-3 4×3

10000이 되기 위해 필요한 수를 생각하기

★ 9△×9◇, 999△×999◇로도 할 수 있다!!
자릿수가 같아야 한다는 것이 중요!!

도형으로 생각하기

식으로 나타내면
9993×10000+4×3
9993○○○○ 4×3

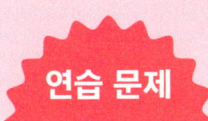

연습 문제

① 98 × 97

② 996 × 993

③ 9992 × 9995

④ 99999 × 99999

- 되는 대로 계산하면 **60초**
- 계산기를 쓰면 **30초**
- 계산 비법을 쓰면 **20초**

① **98 × 97**

2 필요   3 필요

100이 되기 위해 필요한 수는?

= 95:06

98−3   2×3

② **996 × 993**

4 필요   7 필요

1000이 되기 위해 필요한 수는?

= 989:028

996−7   4×7

③ **9992 × 9995**

8 필요   5 필요

10000이 되기 위해 필요한 수는?

= 9987:0040

9992−5   8×5

④ **99999 × 99999**

1 필요   1 필요

100000이 되기 위해 필요한 수는?

= 99998:00001

99999−1   1×1

누워서 떡 먹기!

암산으로 20초 만에 풀었어요.

연필왕, 아주 좋아요!

슈퍼 그레이트 엑설런트!

이런 타입의 문제는

| 2자리 × 2자리 = 4자리 |
| 3자리 × 3자리 = 6자리 |
| 4자리 × 4자리 = 8자리 |
| 5자리 × 5자리 = 10자리 |

이렇게 되니까

$$99999 \times 99999$$
$$\downarrow\downarrow\downarrow\downarrow\downarrow \quad \downarrow\downarrow\downarrow\downarrow\downarrow$$
$$= 99998 \quad 00001$$

이런 식으로 문제 바로 아래에 답을 쓰면

0의 개수를 실수하는 일이 줄어드니까 기억해 둬.

이 비법은 같은 자릿수의 곱셈에만 쓸 수 있고

다른 자릿수의 곱셈에서는 못 써.

999×9999 같은 속임수 문제에는 주의하자.

999×9999를 구하는 법은 실전 28에서 소개할게.

기대해 줘!

신의 속도 비법
좌×9999 편

'좌−1'이 대활약

난이도 ★★★★☆ 천재도 ★★★★★ 실용도 ★★★★☆

[좌×99] [좌×999] [좌×9999]는 [좌−1 & 그것을 빼기]로 구하자.

예제 999 × 9999

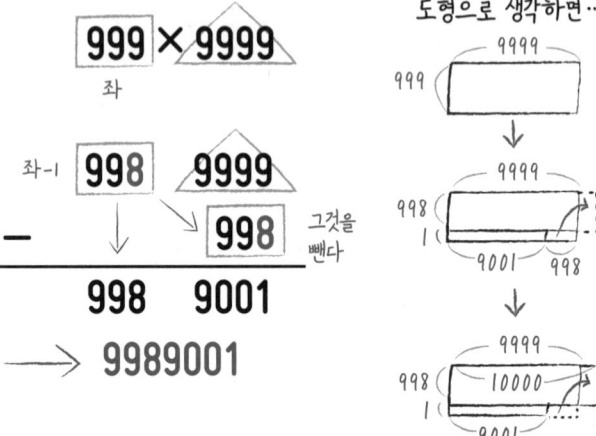

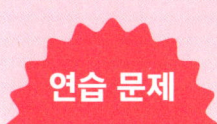

연습 문제

① 37 × 999

② 642 × 9999

③ 4321 × 999

④ 99999 × 9999

- 되는 대로 계산하면 **80초**
- 계산기를 쓰면 **40초**
- 계산 비법을 쓰면 **30초**

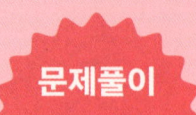

① 37 × 999
   좌

   좌-1 36   999
        ↓   ↘ 36 그것을 빼다
        ────────────
         36   963 → **36963**

② 642 × 9999
    좌

    좌-1 641   9999
         ↓   ↘ 641 그것을 빼다
         ──────────────
          641   9358 → **6419358**

③ 4321 × 999
    좌

    좌-1 4320   999
         ↓   4 ↘ 320 그것을 빼다
         ──────────────
         4316   679 → **4316679**

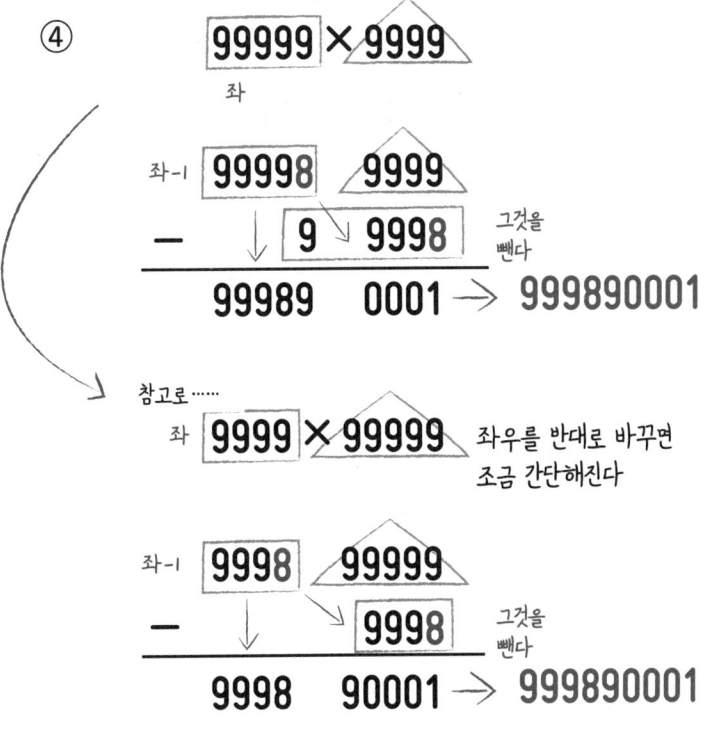

:) 누워서 떡 먹기!

암산으로 30초 만에 풀었어요.

속도에 감탄한 연필왕, 싱글벙글입니다!

:) 슈퍼 그레이트 엑설런트!

이 비법을 쓸 수 있을 때는

'999(쿡쿡쿡)' 하고 웃음이 새어 나오지.

신의 속도 비법
(10배수+○)×(10배수-○) 편

\ [같은 수의 곱 – 같은 수의 곱]으로 변형한다 /

난이도 ★★★☆☆   천재도 ★★★★★   실용도 ★★★★☆

딱 떨어지는 수 □를 사용해서 (□+○)×(□-○)로 변형할 수 있을 때는 [□×□ -○×○]로 구하자.

예제 57×43

딱 떨어지는 수를 50 으로 하면……

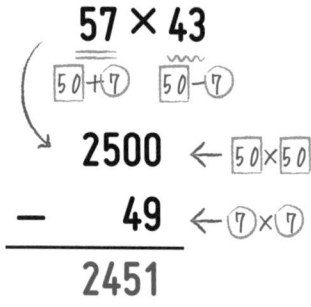

도형으로 생각하면……

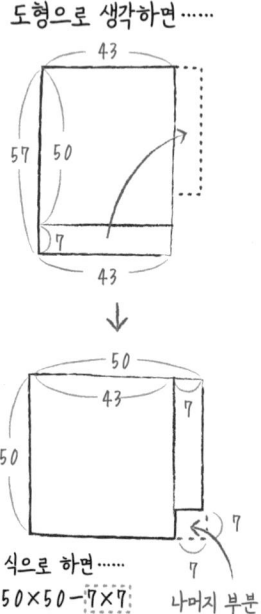

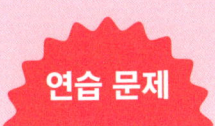

① 103 × 97

② 709 × 691

③ 893 × 907

④ 4995 × 5005

- 되는 대로 계산하면 **100초**
- 계산기를 쓰면 **30초**
- 계산 비법을 쓰면 **20초**

문제풀이

①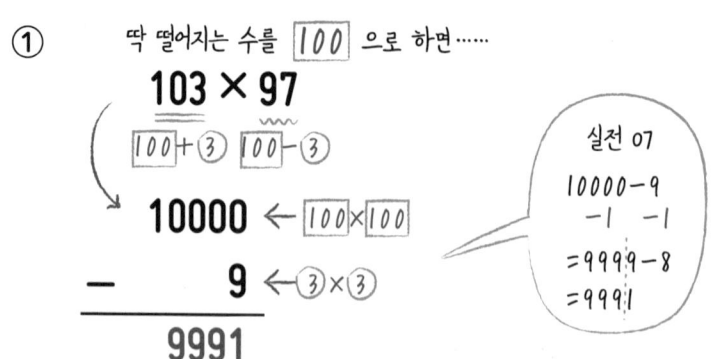

②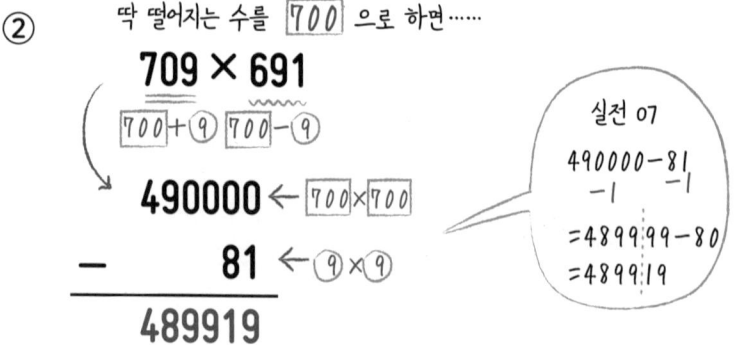

③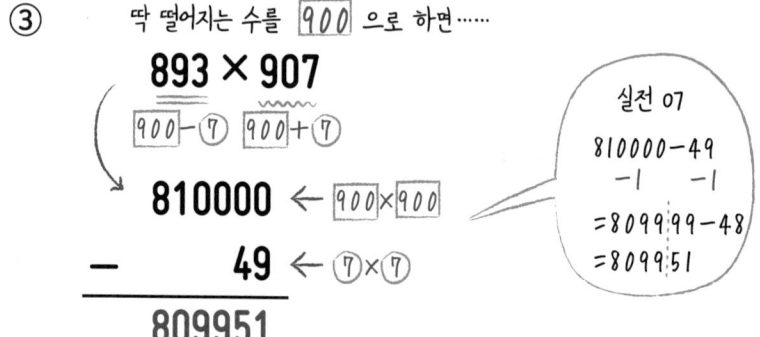

④ 딱 떨어지는 수를 5000 으로 하면……

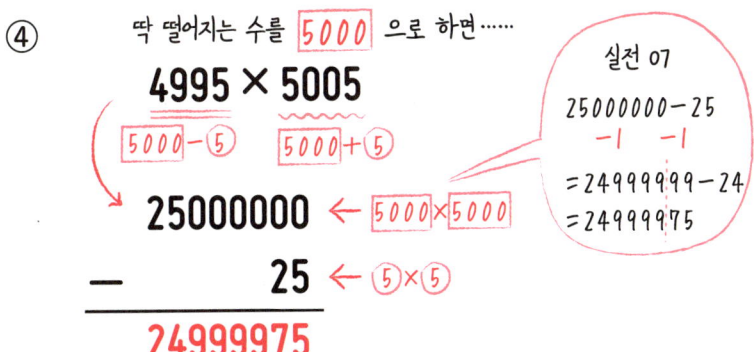

🧑 누워서 떡 먹기!
암산으로 20초 만에 풀었어요.
연필왕, 기세가 좋아요!

🧑 슈퍼 그레이트 엑설런트!
이 비법을 마스터하면
생각이 말뚱처럼 딱 떨어질 거야.

신의 속도 비법
(10배수+○+1)×(10배수-○) 편

\\[같은 수의 곱 − 같은 수의 곱 + α]로 변형한다/

난이도 ★★★★☆   천재도 ★★★★☆   실용도 ★★★☆☆

아래 예제 같은 경우에는 실전 29의 비법을 쓸 수 있는 형태로 변형하자.

예제 54 × 47

$$54 \times 47$$
$$\underbrace{53+1}$$

이대로 풀면 딱 떨어지는 수를 50으로 해도 (50+4)(50−3)이 되어 깨끗이 지울 수 없다.
↑ 같은 숫자가 더 좋다!

$= (53 + 1) \times 47$

$= \boxed{53 \times 47} + 1 \times 47$

실전 29의 방법을 쓸 수 있다!

$= \boxed{2500 - 9} + 47$

$= 2500 + 38$ ※

$= 2538$

딱 떨어지는 수 50으로 한다
53×47
53−3 47+3
↓
2500   실전 29
− 9   50×50
            3×3

※ 먼저 계산! (2500은 그대로 둬야 계산하기가 편하다.)

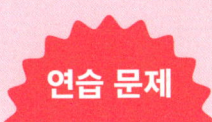

① 103 × 98

② 709 × 692

③ 895 × 906

- 되는 대로 계산하면 100초
- 계산기를 쓰면 30초
- 계산 비법을 쓰면 20초

① 103 × 98
　　___
　102+1
= (102 + 1) × 98
= ⬛102 × 98⬛ + 1 × 98
　　↓ 실전 29
= ⬛10000 − 4⬛ + 98
= 100|00 + 94　먼저!
= 10094

딱 떨어지는 수 100으로하기
102×98
100+2 100−2 　실전 29
　↳ 10000   100×100
　　 − 4   2×2

② 709 × 692
　　___
　708+1
= (708 + 1) × 692
= ⬛708 × 692⬛ + 1 × 692
　　↓ 실전 29
= ⬛490000 − 64⬛ + 692
= 490|000 + 628　먼저!
= 490628

딱 떨어지는 수 700으로하기
708×692   실전 29
700+8 700−8
　↳ 490000   700×700
　　 − 64   8×8

③ 895 × 906

　　894+1
= (894 + 1) × 906
= 894 × 906 + 1 × 906　　894×906　실전 29
　　↓ 실전 29　　　　　　900-6　900+6
= 810000 − 36 + 906　　→ 810000　900×900
= 810 000 + 870 먼저!　　－　　36　6×6
= **810870**

누워서 떡 먹기!
암산으로 20초 만에 풀었어요.
연필왕, 아주 잘 나갑니다!

슈퍼 그레이트 엑설런트!
이 비밀 병기를 쓰면
라이벌도 당황하겠어!

신의 속도 비법
△×△−◇×◇ 편

합×차로 변형한다

난이도 ★★★☆☆　천재도 ★★★★★　실용도 ★★★★☆

△×△−◇×◇에서 △+◇ 혹은 △−◇가 딱 떨어지는 수가 될 때는 [(△+◇)×(△−◇)]로 답을 구하자. [합×차]로 외우면 된다.

예제 $57 \times 57 - 43 \times 43$

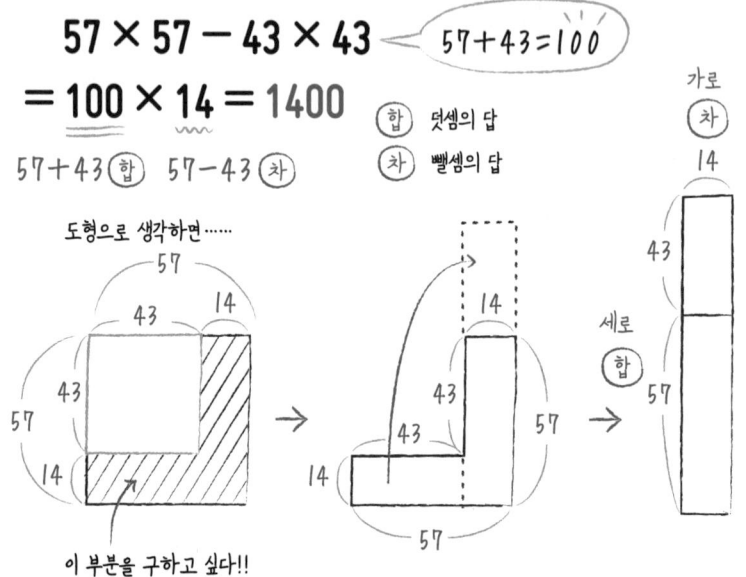

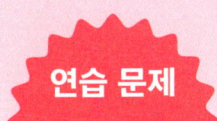

① 87 × 87 − 13 × 13

② 455 × 455 − 345 × 345

③ 421 × 421 − 321 × 321

④ 789 × 789 − 211 × 211

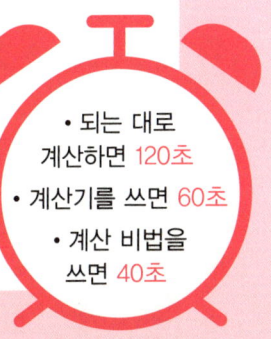

- 되는 대로 계산하면 120초
- 계산기를 쓰면 60초
- 계산 비법을 쓰면 40초

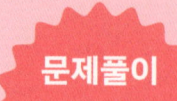

① $87 \times 87 - 13 \times 13$ $87+13=100$
  $= 100 \times 74 =$ **7400**
  　　$87+13$　$87-13$
  　　　합　　　차

② $455 \times 455 - 345 \times 345$ $455+345=800$
  $= 800 \times 110 =$ **88000**
  　　$455+345$　$455-345$
  　　　합　　　　차

③ $421 \times 421 - 321 \times 321$ $421-321=100$
  $= 742 \times 100 =$ **74200**
  　　$421+321$　$421-321$
  　　　합　　　　차

☆ 합이나 차 둘 중 하나만
　 딱 떨어지면 된다!!

④ $\boxed{789+211=1000}$

$$789 \times 789 - 211 \times 211$$
$$= 1000 \times 578 = 578000$$

$\underbrace{789+211}_{\text{합}}$ $\underbrace{789-211}_{\text{차}}$

 누워서 떡 먹기!
암산으로 40초 만에 풀었어요.
이 기술은 대박 빠른데요!

 슈퍼 그레이트 엑설런트!
이 기술을 쓴다면
알렉스도 '하압(+)~ 차암(−) 멋있네~'라며 놀랄 거야.

신의 속도 비법
△×(△+1)-◇×◇ 편

\ [합 × 차 + α]로 변형한다 /

난이도 ★★★★★ 천재도 ★★★★★ 실용도 ★★★☆☆

아래 예제와 같은 문제가 나왔다면 실전 31의 방법을 쓸 수 있는 형태로 변형하자.

예제 $57 \times 58 - 43 \times 43$

$57 \times 58 - 43 \times 43$ ← $57+43=100!$

57이면 실전 31의 비법을 쓸 수 있다
→ 58=57+1

$= 57 \times (57 + 1) - 43 \times 43$

$= 57 \times 57 + 57 \times 1 - 43 \times 43$

$= \boxed{57 \times 57 - 43 \times 43} + 57$ ← 보기 쉽게 정리하면……

↓ 실전 31

$= \boxed{100 \times 14} + 57 = 1400 + 57 = 1457$

57+43 57-43
 합   차

연습 문제

① 87 × 88 − 13 × 13

② 456 × 455 − 345 × 345

③ 421 × 422 − 321 × 321

- 되는 대로 계산하면 100초
- 계산기를 쓰면 50초
- 계산 비법을 쓰면 30초

① $87 \times 88 - 13 \times 13$ ← $87+13=100!$
     ↳ $88=87+1$

$= 87 \times (87+1) - 13 \times 13$

$= 87 \times 87 + 87 \times 1 - 13 \times 13$

$= \boxed{87 \times 87 - 13 \times 13} + 87$
     ↓ 실전 31

$= \boxed{100 \times 74} + 87 = 7400 + 87 = 7487$

 $87+13$ $87-13$
  (합)   (차)

② $456 \times 455 - 345 \times 345$
     ↳ $456=455+1$ $455+345=800$

$= (455+1) \times 455 - 345 \times 345$

$= 455 \times 455 + 1 \times 455 - 345 \times 345$

$= \boxed{455 \times 455 - 345 \times 345} + 455$
     ↓ 실전 31

$= \boxed{800 \times 110} + 455 = 88000 + 455$

 $455+345$ $455-345$
  (합)   (차)

$= 88455$

202

③ $421 \times 422 - 321 \times 321$

　　　　　$422 = 421 + 1$　　$421 - 321 = 100$

$= 421 \times (421 + 1) - 321 \times 321$

$= 421 \times 421 + 421 \times 1 - 321 \times 321$

$= \boxed{421 \times 421 - 321 \times 321} + 421$

　　↓ 실전 31

$= \boxed{742 \times 100} + 421$

　　421+321　421-321
　　　합　　　　차

$= 74200 + 421$

$= 74621$

- 누워서 떡 먹기!
  암산으로 30초 만에 풀었어요.
  식이 조금 길어지지만, 뭐 어때요~!

- 슈퍼 그레이트 엑설런트!
  이 비법을 마스터 한다면
  진정한 계산왕이 될 수 있어!

신의 속도 비법
분수로 바꿔 편

굿바이! 소수의 곱셈

난이도 ★★☆☆ 천재도 ★★☆☆ 실용도 ★★★★★

소수의 곱셈과 나눗셈은 소수→분수로 변형하자. 특히 오른쪽 변형을 기억해 두면 좋다.

그리고 1 이상의 소수는 [1 이상의 소수]→[대분수]→[가분수]로 변형하자.

$0.25 \to \frac{1}{4}$	$0.75 \to \frac{3}{4}$	$0.125 \to \frac{1}{8}$
$0.625 \to \frac{5}{8}$	$0.875 \to \frac{7}{8}$	$0.375 \to \frac{3}{8}$

예제 36×0.75 $39 \div 1.625$

36×0.75
$= 36 \times \frac{3}{4}$
$= 27$

$0.75 \to \frac{3}{4}$

$39 \div 1.625$
$= 39 \div \frac{13}{8}$
$= 39 \times \frac{8}{13}$
$= 24$

$1.625 \to 1\frac{5}{8} \to \frac{13}{8}$

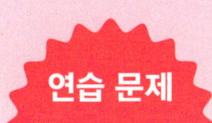

연습 문제

① 28 × 0.25

② 27 ÷ 0.375

③ 48 × 1.125

④ 33 ÷ 2.75

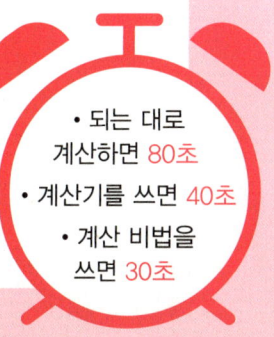

- 되는 대로 계산하면 80초
- 계산기를 쓰면 40초
- 계산 비법을 쓰면 30초

문제풀이

① 28×0.25
$= 28 \times \dfrac{1}{4}$
$= 7$

$0.25 \rightarrow \dfrac{1}{4}$

② $27 \div 0.375$
$= 27 \div \dfrac{3}{8}$
$= \overset{9}{27} \times \dfrac{8}{\underset{1}{3}}$
$= 72$

$0.375 \rightarrow \dfrac{3}{8}$

③ 48×1.125
$= \overset{6}{48} \times \dfrac{9}{\underset{1}{8}}$
$= 54$

$1.125 \rightarrow 1\dfrac{1}{8} \rightarrow \dfrac{9}{8}$

④ $33 \div \boxed{2.75}$ $\begin{array}{c} 2.75 \\ \downarrow \\ 2\frac{3}{4} \\ \downarrow \\ \frac{11}{4} \end{array}$

$= 33 \div \dfrac{11}{4}$

$= \overset{3}{\cancel{33}} \times \dfrac{4}{\underset{1}{\cancel{11}}}$

$= 12$

🧑 누워서 떡 먹기!
암산으로 30초 만에 풀었어요.
연필왕이 달라졌어요!

🧑 슈퍼 그레이트 엑설런트!
연필왕도 〈분수로 바꿔〉로
'계산의 달인'으로 변신하자!

닫는 글

'계산의 달인', 다음은 네 차례야!

다카타 선생님의 '초고속! 계산 교실'에 다니기 시작하면서
내 인생은 크게 달라졌다.
다카타 선생님께 배운 계산 비법을 우아해에게 가르쳐 줬더니…….

 그 방법 정말 멋있구나~
계산과 도형의 관계를 생각해 보면…….
와아! 너무나 우아한걸!
연필왕이랑 계산 이야기하는 시간은
정말이지 즐거워~.

다시 우아해와 이야기를 할 수 있게 되었다.
그리고 다카타 선생님에게 배운 계산 비법으로
알렉스에게 계산 대결을 신청했더니…….

 언빌리버블! 나의 완패다.
연필왕의 계산법, 아주 흥미로운데?
나한테도 꼭 가르쳐 줘.
나도 계산기에 대해 이것저것 가르쳐 줄 테니까.

알렉스와도 수학 이야기를 즐겁게 할 수 있는 사이가 되었다.
우아해의 영향으로 도형 세계에도 관심이 생겼고,
알렉스의 영향으로 계산기나 컴퓨터 세계에도 관심이 생겼다.

알면 알수록 수학의 세계는 심오하다.
원래 좋아했던 수학이 더 좋아졌다.
궁금했던 점이나 관심이 생긴 점을
스스로 알아보고 생각해서 정리, 발표하게 되었다.
어느새 수학뿐만 아니라 다른 과목 성적도 올랐다.
공부도 우정도 이보다 더 좋을 순 없다!

다카타 선생님께서 처음에 하신 말씀이 떠올랐다.

 확실한 지도를 더해서(+) 학생들이 계산에 걸리는 시간을 줄여(-) 주는 수업!
다카타 선생과 만나면 효과는 배가(×) 되고
즐거움은 같이 나눌(÷) 수 있지. 인생이 달라질 거야!

말 그대로 이루어졌다.
이제 다음은 네 차례야!
나와 함께 '계산의 달인'으로 거듭나지 않을래?
너도 얼마든지 할 수 있어!
연필왕의 성장 이야기는 이걸로 끝~~~.

수학 잘하는 아이들은 다 아는
기적의 초고속 계산법

초판 1쇄 발행 2022년 11월 29일

지은이 다카타 센세   옮긴이 김소영

펴낸이 김영범
펴낸곳 (주)북새통 · 토트출판사
주소 서울시 마포구 월드컵로36길 18 삼라마이다스 902호 (우)03938
출판등록 2009년 3월 19일 제 315-2009-000018호 이메일 thothbook@naver.com

© JOMA 2022
ISBN 979-11-87444-82-4 73410

잘못된 책은 구입한 서점에서 교환해 드립니다.

- 품명 : 기적의 초고속 계산법 • 제조자명 : (주)북새통 • 제조연월 : 2022년 11월
- 주소 : 서울시 마포구 월드컵로36길 18 902호 • 전화번호 : 02-338-0117
- 제조국명 : 대한민국

＊KC마크는 이 제품이 공통안전기준에 적합하였음을 의미합니다.
＊종이에 베이지 않게 주의하세요.

마법의 계산법을 내 몸에 착!
책을 덮고 한 번 더 몸에 익히는

기적의 초고속 계산법
실전문제 연습장

〈실전문제 연습장〉은 〈기적의 초고속 계산법〉 독자에게 드리는 특별부록입니다.(초판 한정)

01 100TEN을 잡아라 덧셈 편

① 4 + 9 + 6

② 89 + 78 + 11

③ 54 + 67 + 33

④ 895 + 789 + 105

⑤ 33 + 78 + 45 + 22

02 100TEN을 잡아라 곱셈 편

① 5 × 7 × 2

② 49 × 25 × 4

③ 8 × 567 × 125

④ 2 × 3 × 4 × 5 × 6 × 25

03 분해 100TEN을 잡아라 덧셈 편

① 95 + 78

② 67 + 98

③ 997 + 796

④ 99 + 998 + 75

04 분해 100TEN을 잡아라 곱셈 편

① 12 × 35

② 175 × 24

③ 56 × 375

05 같은 답 바꾸기 덧셈 편

① 999 + 314

② 289 + 994

③ 497 + 568

④ 3시간 53분 + 5시간 39분

06 같은 답 바꾸기 뺄셈① 편

① 1783 − 997

② 2345 − 1998

③ 961 − 796

④ 7시간 41분 − 3시간 53분

07 같은 답 바꾸기 뺄셈② 편

① 1000 − 357

② 1000 − 579

③ 1002 − 357

④ 7시간 3분 − 2시간 24분

08 같은 답 바꾸기 곱셈 편

① 18 × 4.5

② 0.25 × 36

③ 56 × 0.125

④ 28 × 2.25

09 같은 답 바꾸기　나눗셈① 편

① 36 ÷ 4.5

② 21 ÷ 0.25

③ 11 ÷ 0.125

④ 18 ÷ 2.25

10 같은 답 바꾸기 나눗셈② 편

① 144 ÷ 18

② 189 ÷ 27

③ 252 ÷ 36

11 분배 고파 분수의 덧셈·뺄셈 편

① $\left(\dfrac{1}{4} + \dfrac{1}{6}\right) \times 36$

② $60 \times \left(\dfrac{1}{12} + \dfrac{1}{15} + \dfrac{1}{20}\right)$

③ $\left(\dfrac{1}{30} - \dfrac{1}{40} + \dfrac{1}{48}\right) \times 480$

12 변형 분배 고파 25×4나 125×8 이용 편

① 25 × 13

② 73 × 125

③ 125 × 19

13 변형 분배 고파 ×999 편

① 57 × 99

② 999 × 1234

③ 314 × 9998

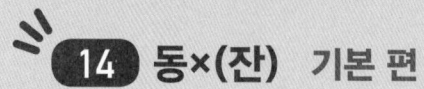

① 314 × 57 + 314 × 43

② 67 × 19 + 81 × 67

③ 29 × 61 + 61 × 37 + 34 × 61

④ 125 × 333 + 125 × 555

15 동×(잔) 변형 편

① $314 \times 57 + 315 \times 43$

② $69 \times 19 + 81 \times 67$

③ $29 \times 60 + 61 \times 37 + 34 \times 62$

16 동×(잔) 소수 여기저기 편

① 2.3 × 0.79 + 0.23 × 2.1

② 5.71 × 179 − 7.9 × 57.1

③ 3.14 × 34 + 31.4 × 5.2 + 0.314 × 140

17 수열의 합 등차수열 편

① $1 + 2 + 3 + 4 + 5 + 6 + 7 + 8 + 9 + 10$

② $1 + 2 + 3 + \cdots + 197 + 198 + 199$

③ $5 + 10 + 15 + \cdots + 90 + 95 + 100$

④ $4 + 7 + 10 + \cdots + 70 + 73 + 76$

18 수열의 합 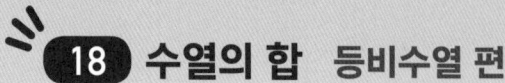 등비수열 편

① 2 + 10 + 50 + 250 + 1250 + 6250

② 1024 + 512 + 256 + 128 + 64 + 32 + 16 + 8 + 4 + 2 + 1

19 수열의 합 분자/등차의 곱 편

① $\dfrac{1}{1\times 2}+\dfrac{1}{2\times 3}+\dfrac{1}{3\times 4}+\dfrac{1}{4\times 5}$

② $\dfrac{2}{1\times 6}+\dfrac{2}{6\times 11}+\dfrac{2}{11\times 16}+\cdots+\dfrac{2}{91\times 96}+\dfrac{2}{96\times 101}+\dfrac{2}{101\times 106}$

20 수열의 합 연속 2정수의 곱 편

① $1 \times 2 + 2 \times 3 + 3 \times 4 + \cdots + 100 \times 101$

② $3 \times 6 + 6 \times 9 + 9 \times 12 + \cdots + 27 \times 30$

21 가평균 합계 편

① 아래 5명의 키의 합계를 구하시오.

　　A 174cm
　　B 181cm
　　C 170cm
　　D 176cm
　　E 180cm

② 4명의 학생이 수학 시험을 봤다. 점수는 각각 아래와 같았다. 총 점수를 구하시오.

　　A 78점
　　B 88점
　　C 85점
　　D 77점

22 가평균 평균 편

① 아래 다섯 사람의 평균 키를 구하시오.

　A 174cm

　B 181cm

　C 170cm

　D 176cm

　E 180cm

② 4명의 학생이 수학 시험을 봤다. 점수는 각각 아래와 같았다. 4명의 평균 점수를 구하시오.

　A 78점

　B 88점

　C 85점

　D 77점

23 가평균 평균의 심화 문제 편

① 학생 30명이 수학 시험을 봤다.
상위 9명의 평균점은 87점, 나머지 21명의 평균점은 67점이었다. 30명 전체의 평균점을 구하시오.

② 학생 39명이 수학 시험을 봤다.
하위 13명의 평균점은 57점, 나머지 26명의 평균점은 81점이었다. 39명 전체의 평균점을 구하시오.

24 2자리×2자리 둘둘이 편

① 86
　×86
　―――

② 33
　×44
　―――

③ 73
　×73
　―――

④ 88
　×88
　―――

25 2자리×2자리 십의 자리가 1 편

①   16
    ×18
    ―――

②   14
    ×19
    ―――

③   12
    ×13
    ―――

④   17
    ×17
    ―――

26 2자리×2자리 둘이 합 10 편

①   76
   ×74
―――

②   34
   ×74
―――

③   82
   ×33
―――

④   55
   ×55
―――

27 신의 속도 비법 999△×999◇ 편

① 98 × 97

② 996 × 993

③ 9992 × 9995

④ 99999 × 99999

28 신의 속도 비법 좌×9999 편

① 37 × 999

② 642 × 9999

③ 4321 × 999

④ 99999 × 9999

29 신의 속도 비법 (10배수+○)×(10배수-○) 편

① 103 × 97

② 709 × 691

③ 893 × 907

④ 4995 × 5005

30 신의 속도 비법　(10배수+○+1)×(10배수-○) 편

① 103 × 98

② 709 × 692

③ 895 × 906

31 신의 속도 비법 △×△-◇×◇ 편

① 87 × 87 − 13 × 13

② 455 × 455 − 345 × 345

③ 421 × 421 − 321 × 321

④ 789 × 789 − 211 × 211

32 신의 속도 비법 △×(△+1)-◇×◇ 편

① 87 × 88 − 13 × 13

② 456 × 455 − 345 × 345

③ 421 × 422 − 321 × 321

33 신의 속도 비법 분수로 바꿔 편

① 28 × 0.25

② 27 ÷ 0.375

③ 48 × 1.125

④ 33 ÷ 2.75

정답이 틀렸어도 너무 실망하지 마세요.
본 책을 펼쳐 문제풀이 과정을 확인한 뒤 다시 풀어보세요.
반복 연습을 통해 점점 자신감을 가질 수 있을 거예요.
항상 응원할게요! 화이팅!!

실전 · 01
① 19
② 178
③ 154
④ 1789
⑤ 178

실전 · 02
① 70
② 4900
③ 567000
④ 18000

실전 · 03
① 173
② 165
③ 1793
④ 1172

실전 · 04
① 420
② 4200
③ 21000

실전 · 05
① 1313
② 1283
③ 1065

④ 9시간 32분

실전 · 06
① 786
② 347
③ 165
④ 3시간 48분

실전 · 07
① 643
② 421
③ 645
④ 4시간 39분

실전 · 08
① 81
② 9
③ 7
④ 63

실전 · 09
① 8
② 84
③ 88
④ 8

실전 · 10
① 8
② 7
③ 7

실전 · 11
① 15
② 12
③ 14

실전 · 12
① 325
② 9125
③ 2375

실전 · 13
① 5643
② 1232766
③ 3139372

실전 · 14
① 31400
② 6700
③ 6100
④ 111000

실전 · 15
① 31443
② 6738
③ 6105

실전 · 16
① 2.3
② 571
③ 314

실전 · 17
① 55
② 19900
③ 1050
④ 1000

실전 · 18
① 7812
② 2047

실전 · 19
① $\dfrac{4}{5}$
② $\dfrac{21}{53}$

실전 · 20
① 343400
② 2970

실전 · 21
① 881cm
② 328점

실전 · 22
① 176.2cm
② 82점

실전 · 23
① 73점
② 73점

실전 · 24
① 7396
② 1452
③ 5329
④ 7744

실전 · 25
① 288
② 266
③ 156
④ 289

실전 · 26
① 5624
② 2516
③ 2706
④ 3025

실전 · 27
① 9506
② 989028
③ 99870040
④ 9999800001

실전 · 28
① 36963
② 6419358
③ 4316679
④ 999890001

실전 · 29
① 9991
② 489919
③ 809951
④ 24999975

실전 · 30
① 10094
② 490628
③ 810870

실전 · 31
① 7400
② 88000
③ 74200
④ 578000

실전 · 32
① 7487
② 88455
③ 74621

실전 · 33
① 7
② 72
③ 54
④ 12